COMISSÃO TEOLÓGICA INTERNACIONAL
SUBCOMISSÃO LIBERDADE RELIGIOSA

A LIBERDADE RELIGIOSA PARA O BEM DE TODOS

APROXIMAÇÃO TEOLÓGICA
AOS DESAFIOS CONTEMPORÂNEOS

© 2019
Libreria Editrice Vaticana,
Título original: *La libertà religiosa per il bene di tutti*

Direção-geral: *Flávia Reginatto*
Editora responsável: *Maria Goretti de Oliveira*
Tradução: *José Bortolini*
Copidesque: *Ana Cecilia Mari*
Coordenação de revisão: *Marina Mendonça*
Revisão: *Sandra Sinzato*
Gerente de produção: *Felício Calegaro Neto*
Produção de arte: *Tiago Filu*

1ª edição – 2019

Nenhuma parte desta obra poderá ser reproduzida ou transmitida por qualquer forma e/ou quaisquer meios (eletrônico ou mecânico, incluindo fotocópia e gravação) ou arquivada em qualquer sistema ou banco de dados sem permissão escrita da Editora. Direitos reservados.

Paulinas
Rua Dona Inácia Uchoa, 62
04110-020 – São Paulo – SP (Brasil)
Tel.: (11) 2125-3500
http://www.paulinas.com.br – editora@paulinas.com.br
Telemarketing e SAC: 0800-7010081

© Pia Sociedade Filhas de São Paulo – São Paulo, 2019

SUMÁRIO

Nota preliminar.. 5

1. Um olhar sobre o contexto atual............................. 7

2. A perspectiva de *Dignitatis humanae* antes e hoje.... 17

3. O direito da pessoa à liberdade religiosa................33

4. O direito das comunidades à liberdade religiosa.....45

5. O Estado e a liberdade religiosa 59

6. A contribuição da liberdade religiosa
à convivência e à paz social 73

7. A liberdade religiosa na missão da Igreja................81

Conclusão..91

NOTA PRELIMINAR

No decorrer do seu nono quinquênio, a Comissão Teológica Internacional teve a oportunidade de aprofundar um estudo sobre o tema da liberdade religiosa no contexto hodierno. Esse estudo foi conduzido por especial Subcomissão, presidida pelo Rev. Javier Prades López e composta pelos seguintes membros: Rev. Željko Tanjić, Rev. John Junyang Park, Profa. Moira Mary McQueen, P. Bernard Pottier, S.I., Profa. Tracey Rowland, Mons. Pierangelo Sequeri, Rev. Philippe Vallin, Rev. Koffi Messan Laurent Kpogo, P. Serge-Thomas Bonino, O.P.

As discussões gerais sobre o assunto em questão aconteceram tanto no decorrer de vários encontros da Subcomissão quanto por ocasião das sessões plenárias da própria comissão, nos anos 2014-2018. Este texto foi aprovado de forma específica pela maioria dos membros da Comissão Teológica Internacional, na sessão plenária de 2018, mediante voto escrito. A seguir, o documento foi submetido à aprovação do seu presidente, Sua Eminência Sr. Card. Luis F. Ladaria, S. I., Prefeito da Congregação para a Doutrina da Fé, que, após ter recebido parecer favorável do Santo Padre Francisco, no dia 21 de março de 2019, autorizou sua publicação.

1. UM OLHAR SOBRE O CONTEXTO ATUAL

1. Em 1965, a Declaração conciliar *Dignitatis humanae* foi aprovada num contexto histórico significativamente diferente do atual, também a respeito do tema que constituía o assunto central, ou seja, a liberdade religiosa no mundo moderno. Seu corajoso esclarecimento das razões cristãs do respeito pela liberdade religiosa de cada pessoa e das comunidades, no âmbito do Estado de direito e das práticas da justiça das sociedades civis, ainda suscita admiração. A contribuição do Concílio, que podemos definir como profética, ofereceu à Igreja um horizonte de credibilidade e apreço que favoreceu enormemente seu testemunho evangélico no contexto da sociedade contemporânea.

2. Nesse ínterim, novo protagonismo das tradições religiosas e nacionais da área médio-oriental e asiática mudou sensivelmente a percepção da relação entre religião e sociedade. As grandes tradições religiosas do mundo não aparecem mais apenas como o resíduo de épocas antigas e de culturas pré-modernas superadas pela história. As diferentes formas de pertença religiosa incidem de modo novo na constituição da identidade pessoal, na interpretação da ligação social e na busca do bem comum. Em muitas sociedades secularizadas, as diferentes formas de comunidade religiosa são ainda socialmente percebidas como fatores relevantes de intermediação entre as pessoas e o Estado.

O elemento relativamente novo, na configuração hodierna desses modelos, pode ser reconhecido no fato de que, hoje, essa relevância das comunidades religiosas compromete-se a estabelecer-se – direta ou indiretamente – no que se refere ao modelo democrático-liberal do Estado de direito e à direção tecnoeconômica da sociedade civil.

3. Hoje, em qualquer parte do mundo existe o problema da liberdade religiosa, esse conceito é debatido fazendo-se referência – quer positiva, quer negativa – a uma concepção dos direitos humanos e das liberdades civis, a qual é associada à cultura política liberal, democrática, pluralista e secular. A retórica humanista que apela aos valores da convivência pacífica, da dignidade individual, do diálogo intercultural e inter-religioso, se expressa na linguagem do Estado liberal moderno. E, por outro lado, ainda mais profundamente, baseia-se nos princípios cristãos da dignidade da pessoa e da proximidade entre os homens, que contribuíram para a formação e universalização daquela linguagem.

4. A atual radicalização religiosa indicada como "fundamentalismo", no âmbito das várias culturas políticas, não parece uma simples volta mais "observante" à religiosidade tradicional. Essa radicalização tem muitas vezes a conotação recebida de específica reação à concepção liberal do Estado moderno, por causa do seu relativismo ético e da sua indiferença em relação à religião. Por outro lado, o Estado liberal se mostra a muitos criticável também pelo motivo oposto, ou seja, pelo fato de que sua decantada neutralidade parece não ter condições de evitar a tendência de considerar a fé professada e a pertença religiosa um obstáculo para a admissão à plena cidadania cultural e política das pessoas. Uma forma de "totalitarismo fofo", poder-se-ia dizer, que o torna especialmente vulnerável à difusão do niilismo ético na esfera pública.

5. A pretensa neutralidade ideológica de uma cultura política que declara querer construir-se sobre a formação de regras meramente processuais de justiça, removendo qualquer justificação ética e toda inspiração religiosa, mostra a tendência a elaborar uma ideologia da neutralidade que, de fato, impõe a marginalização, quando não a exclusão, da expressão religiosa da esfera pública. E, portanto, da plena liberdade de participação na formação da cidadania democrática. Daqui vem a descoberto a ambivalência de uma neutralidade da esfera pública somente aparente e de uma liberdade civil objetivamente discriminadora. Uma cultura civil que define o próprio humanismo mediante a remoção da componente religiosa do humano, se vê obrigada a remover também partes decisivas da própria história: do próprio saber, da própria tradição, da própria coesão social. O resultado é a remoção de partes sempre mais consistentes da humanidade e da cidadania, das quais a própria sociedade é formada. A reação à fraqueza humanista do sistema faz até parecer justificado, por muitos (sobretudo jovens), o desembarque num fanatismo desesperador, ateísta ou até teocrático. A incompreensível atração exercida por formas violentas e totalitárias da ideologia política, ou de militância religiosa, que pareciam já entregues ao juízo da razão e da história, deve interrogar-nos de modo novo e com profundidade de análise maior.

6. Em contraste com a tese clássica, que previa a redução da religião como efeito inevitável da modernização técnica e econômica, fala-se hoje de retorno da religião no cenário público. A automática correlação entre progresso civil e extinção da religião, na verdade, havia sido formulada sobre um preconceito ideológico que via a religião como a construção mítica de uma sociedade humana ainda não senhora dos instrumentos racionais capazes de produzir emancipação e bem-estar da sociedade. Esse esquema se revelou inadequado, não somente em relação à verdadeira natureza da consciência religiosa, mas também em referência à ingênua confiança voltada aos efeitos humanistas da modernização tecnológica. Não obstante, justamente a reflexão teológica contribuiu para esclarecer, nestas décadas, as fortes ambiguidades daquilo que foi apressadamente indicado como retorno da religião. Esse assim chamado "retorno", com efeito, apresenta também aspectos de "regressão" em relação aos valores pessoais e da convivência democrática que se encontram na base da concepção humanista da ordem pública e da ligação social. Muitos fenômenos associados à nova presença do fator religioso na esfera política e social parecem totalmente heterogêneos – quando não contraditórios – em relação à tradição autêntica e ao desenvolvimento cultural das grandes religiões históricas. Novas formas de religiosidade, cultivadas no sulco de arbitrárias contaminações entre a busca do bem-estar psicofísico e as construções pseudocientíficas da visão de mundo e de si parecem, antes, aos mesmos crentes, como inquietantes desvios da orientação religiosa. Para não falar da rude motivação religiosa de certas formas de fanatismo totalitário, que visam impor, também dentro das grandes tradições religiosas, a violência terrorista.

7. A progressiva subtração pós-moderna do empenho acerca da verdade e da transcendência põe certamente em termos novos também o tema político e jurídico da liberdade religiosa. Doutra parte, as teorias do Estado liberal que o pensam como radicalmente independente da contribuição da argumentação e do testemunho da cultura religiosa, devem concebê-lo como mais vulnerável à pressão das formas de religiosidade – ou de pseudorreligiosidade – que procuram afirmar-se no espaço público fora das regras de um respeitoso diálogo cultural e de civilizado confronto democrático. A tutela da liberdade religiosa e da paz social pressupõe um Estado que não só desenvolve lógicas de cooperação recíproca entre as comunidades religiosas e a sociedade civil, mas se mostra capaz de ativar a circulação de uma cultura adequada à religião. A cultura civil deve superar o preconceito de uma visão puramente emocional ou ideológica da religião. A religião, por sua vez, deve ser incessantemente estimulada a elaborar, numa linguagem humanisticamente compreensível, a visão da realidade e da convivência que a inspiram.

8. O Cristianismo – o catolicismo de modo específico, e justamente com o lacre do Concílio – concebeu uma linha de desenvolvimento da sua qualidade religiosa que passa pelo repúdio de qualquer tentativa de instrumentalizar o poder político, mesmo se praticado em vista de um proselitismo da fé. A evangelização se volta hoje para a valorização positiva de um contexto de liberdade religiosa e civil da consciência, que o Cristianismo interpreta como espaço histórico, social e cultural favorável a um apelo da fé que não quer ser confundido com imposição, ou levar vantagem de um estado de sujeição do homem. A proclamação da liberdade religiosa, que deve valer para todos, e o testemunho de uma verdade transcendente, que não se impõe pela força, parecem profundamente aderentes à inspiração da fé. A fé cristã, por sua natureza, está aberta para o confronto positivo com as razões humanas da verdade e do bem, que a história da cultura traz à luz na vida e no pensamento dos povos. A liberdade da pesquisa das palavras e dos sinais da verdade de Deus, bem como a paixão pela irmandade dos homens, andam sempre juntas.

9. As transformações recentes do cenário religioso, assim como também da cultura humanista, na vida política e social dos povos, confirmam – se fosse necessário – que as relações entre esses dois aspectos são estreitas, profundas e de vital importância para a qualidade da convivência e para a orientação da existência. Nessa perspectiva, a busca de formas mais adequadas para garantir as melhores condições possíveis para a sua interação, na liberdade e na paz, é um fator decisivo para o bem comum e o progresso histórico das civilizações humanas. A imponente temporada das migrações de povos inteiros, cujas terras já se tornaram hostis à vida e convivência, sobretudo por causa da instalação endêmica da pobreza e de um permanente estado de guerra, está criando, no Ocidente, sociedades estruturalmente inter-religiosas, interculturais, interétnicas. Não seria a hora de discutir, além da emergência, o fato de que a história parece impor aqui a autêntica invenção de um novo futuro para a construção de modelos de relação entre liberdade religiosa e democracia civil? O tesouro de cultura e de fé que herdamos nos séculos, e acolhemos livremente, não deve acaso gerar um humanismo realmente à altura do apelo da história, capaz de responder à pergunta de uma terra mais habitável?

10. Em referência aos "sinais dos tempos" que estão por vir, que já estão acontecendo, é necessário munir-se de instrumentos adequados para atualizar a reflexão cristã, o diálogo religioso e o confronto civil. A resignação, diante da dureza e complexidade de algumas involuções do presente, seria uma fraqueza injustificável em relação à responsabilidade da fé. A ligação da liberdade religiosa e da dignidade humana tornou-se também politicamente central: ambas se mantêm estreitamente juntas, num modo que hoje aparece definitivamente claro. Uma Igreja crente que vive em sociedades humanas sempre mais caracterizadas em sentido multirreligioso e multiétnico – tal parece ser o movimento da história –, deve ser capaz de desenvolver uma competência adequada à nova condição existencial do seu testemunho de fé. Condição não tão diferente, de resto, olhando bem, daquela na qual o Cristianismo foi enviado a semear e foi capaz de florir.

11. Este documento começa recordando o ensinamento da Declaração conciliar *Dignitatis humanae* e sua recepção, no magistério e na teologia, depois do Concílio Vaticano (cf. cap. 2). A seguir, à semelhança de quadro sintético dos princípios, sobretudo antropológicos, da compreensão cristã da liberdade religiosa, se trata da liberdade religiosa da pessoa primeiramente na sua dimensão individual (cf. cap. 3) e, depois, na sua dimensão comunitária, sublinhando entre outras coisas o valor das comunidades religiosas como corpos intermédios na vida social (cf. cap. 4). Os dois aspectos são inseparáveis na realidade, todavia, visto que o enraizamento da liberdade religiosa na condição pessoal do ser humano indica o fundamento último da sua dignidade inalienável, parece útil proceder com essa ordem. Sucessivamente, considera-se a liberdade religiosa em relação com o Estado e se oferece algum esclarecimento a respeito das contradições inscritas na ideologia daquela concepção de Estado religiosamente, eticamente, valoralmente neutra (cf. cap. 5). Nos capítulos finais, o documento se detém na contribuição da liberdade religiosa à convivência e à paz social (cf. cap. 6), antes de pôr em relevo o lugar central da liberdade religiosa na missão da Igreja hoje (cf. cap. 7).

12. A impostação geral da reflexão que apresentamos no texto pode ser brevemente delineada nesses termos. Não pretendemos propor um texto acadêmico sobre os muitos aspectos dos debates acerca da liberdade religiosa. A complexidade do tema, quer do ponto de vista dos vários fatores da vida pessoal e social que estão envolvidos, quer do ponto de vista das perspectivas interdisciplinares que ele chama em causa, é uma evidência comum. Nossa opção metodológica fundamental pode ser sintetizada como uma reflexão teológico-hermenêutica, numa dupla tentativa: (a) em primeiro lugar, propor *uma atualização racional da recepção* de *Dignitatis humanae*; (b) em segundo lugar, explicitar as razões da justa integração – antropológica e política – entre *a instância pessoal e a comunitária da* *liberdade religiosa*. A exigência desse esclarecimento depende essencialmente da necessidade que a própria doutrina social da Igreja leve em conta as evidências históricas mais relevantes da nova experiência global.

13. A absoluta indiferença ético-religiosa do Estado enfraquece a sociedade civil em relação ao discernimento exigido para a aplicação de um direito verdadeiramente liberal e democrático, capaz de levar em conta *efetivamente* formas comunitárias que interpretam a ligação social em vista do bem comum. Ao mesmo tempo, a correta elaboração do pensamento sobre a liberdade religiosa na esfera pública pede à própria teologia cristã um aprofundamento consciente da complexidade cultural da hodierna forma civil, capaz de fechar *teoricamente* o caminho para a regressão em chave teocrática do direito comum. O fio condutor do esclarecimento aqui proposto inspira-se na utilidade de manter estreitamente coligados, em chave tanto antropológica quanto teológica, *os princípios personalistas, comunitários e cristãos da liberdade religiosa de todos*. O desenvolvimento não aspira (nem, de resto, poderia) à sistematicidade do "tratado". Nesse sentido, por isso, não devemos esperar deste texto uma detalhada exposição teórica das categorias (políticas e eclesiológicas) que estão implicadas. Doutra parte, é do conhecimento de todos que muitas dessas categorias se encontram expostas a oscilações de significado: quer em razão do diferente contexto cultural de emprego, quer de acordo com as várias ideologias de referência. Não obstante esse limite objetivo, imposto pela própria matéria e por sua evolução, este instrumento de atualização poderá oferecer válida ajuda para melhor nível de entendimento e de comunicação do testemunho cristão. Seja no âmbito da consciência eclesial acerca do justo respeito pelos valores humanistas da fé; seja dentro do atual conflito das interpretações sobre a doutrina do Estado, que requer uma melhor elaboração da nova relação entre comunidade civil e pertença religiosa, não só teológica, mas também antropológica e política.

2. A PERSPECTIVA DE *DIGNITATIS HUMANAE* ANTES E HOJE

O capítulo quer salientar o significado que os padres conciliares deram à liberdade religiosa como direito inalienável de cada pessoa. Avaliaremos o ensinamento magisterial considerando sinteticamente a percepção que a Igreja teve antes do Concílio Vaticano II e sua recepção no Magistério recente.

Antes do Concílio Vaticano II

14. A Declaração do Concílio Vaticano II sobre a liberdade religiosa revela um amadurecimento do pensamento do Magistério acerca da natureza própria da Igreja em conexão com a forma jurídica do Estado.[1] A história do documento demonstra o relevo essencial dessa correlação para a evolução homogênea da doutrina, por causa de substanciais mudanças do contexto político e social no qual

---

[1] O Concílio pretendia discernir o significado da liberdade religiosa, levando em conta não só a compreensão a respeito dela por parte das comunidades eclesiais, mas também dos governos, das instituições, da imprensa, dos juristas da época. Veja-se a explicação de: SMEDT, A. J. de. *Relatio* (23 de setembro de 1964), AS III/2, 349. Uma referência relevante a esse respeito teria sido a Declaração Universal dos Direitos Humanos (1948), mas também outras expressões do pensamento filosófico e jurídico. A Comissão Teológica Internacional propôs uma hierarquia dos vários direitos do homem, remetendo aos vários documentos internacionais onde são apresentados: *Dignità e diritti della persona umana* (1983), Introd., 2.

se transforma a concepção do Estado e da sua relação com as tradições religiosas, com a cultura civil, com a ordem jurídica, com a pessoa humana.[2] *Dignitatis humanae* atesta substancial progresso na compreensão eclesial dessas relações, devido a uma mais aprofundada inteligência da fé, que possibilita reconhecer a necessidade de um progresso na exposição da doutrina. Essa melhor inteligência da natureza e das implicações da fé cristã, que haure das raízes da Revelação e da tradição eclesial, implica uma novidade de perspectiva e diferente postura a respeito de algumas deduções e aplicações do Magistério anterior.

---

[2] Cf., entre outros, os estudos de: HAMER, J.; CONGAR, Y. (org.). *La liberté religieuse. Déclaration "Dignitatis humanae personae"*. Cerf, Paris, 1967; MINNERATH, R. *Le droit de l'Église à la liberté. Du Syllabus à Vatican II*. Paris, Beauchesne, 1982, p. 123-159; GONNET, D. *La liberté religieuse à Vatican II. La contribution de John Courtney Murray*. Paris, Cerf, 1994; SCATENA, S. *La fatica della libertà. L'elaborazione della dichiarazione "Dignitatis Humanae" sulla libertà religiosa del Vaticano II*. Bolonha, Il Mulino, 2003; SIEBENROCK, R. A. Theologischer Kommentar zur Erklärung über die religiöse Freiheit *Dignitatis humanae*. In: HÜNERMANN, P.; HILBERATH, B. J. (orgs.). *Herders theologischer Kommentar zum Zweiten Vatikanischen Konzil*, Bd. IV. Freiburg/ Basel/ Viena, Herder, 2005, p. 125-218; DEL POZO, G. *La Iglesia y la libertad religiosa*. Madri, BAC, 2007, p. 179-244; LATALA, R.; RIME, J. (orgs.). *Liberté religieuse et Église catholique. Héritage et développements récents*. Fribourg, Academic Press Fribourg, 2009, p. 9-30; MARTÍNEZ, J. L. *Libertad religiosa y dignidad humana. Claves católicas de una gran conexión*. Madri, San Pablo – UPC, 2009, p. 65-130; SCHINDLER, D. L.; HEALEY JR., N. J. *Freedom, Truth, and Human Dignity. The Second Vatican Council's Declaration on Religious Freedom. A New Translation, Redaction History, and Interpretation of* Dignitatis Humanae. Grand Rapids (Michigan)/Cambridge (U.K.), Eerdmans, 2015; CODA, P.; GAMBERINI, P. *Dignitatis humanae*. Introduzione e comment. In: NOCETI, S.; REPOLE, R. (orgs.). *Ad gentes. Nostra aetate. Dignitatis humanae* (Commentario ai Documenti del Vaticano II, 6). Bolonha, Dehoniane, 2018, p. 611-695.

15. Certa configuração ideológica do Estado, que interpretara a modernidade da esfera pública como emancipação da esfera religiosa, provocara o Magistério de então à condenação da liberdade de consciência, entendida como legítima indiferença e arbítrio subjetivo em relação à verdade ética e religiosa.[3] A aparente contradição entre reivindicação da liberdade eclesial e condenação da liberdade religiosa deve já ser esclarecida – e superada – tendo presente os novos conceitos que definem o âmbito da consciência civil: a legítima autonomia das realidades temporais, a justificação democrática da liberdade política, a neutralidade ideológica da esfera pública. A primeira reação da Igreja se explica a partir daquele contexto histórico no qual o Cristianismo representava a religião de Estado e a religião de fato dominante na sociedade ocidental. A agressiva impostação de um laicismo de Estado que repudiava o Cristianismo da comunidade alcançava, em primeira instância, uma leitura teológica em termos de "apostasia" da fé, em vez de legítima "separação" entre Estado e Igreja. A evolução dessa impostação inicial foi favorecida essencialmente por dois desenvolvimentos: melhor autocompreensão da autoridade da Igreja no contexto do poder político e progressiva ampliação das razões da liberdade da Igreja dentro da moldura das liberdades fundamentais do homem.[4]

---

[3] Cf. GREGÓRIO XVI. Carta Enc. *Mirari vos arbitramur* (15 de agosto de 1832); PIO IX. Carta Enc. *Quanta cura* (8 de dezembro de 1864).
[4] Cf. PIO XII. Radiomessagio natalizio "Benignitas et Humanitas" ai popoli del mondo intero (24 de dezembro de 1944): *AAS* 37 (1945), 10-23.

16. No sulco desse dinamismo dos direitos humanos, São João XXIII abrira o caminho para o Concílio. Em *Pacem in terris*, ele descreve os direitos e os deveres dos homens, numa perspectiva aberta à Declaração Universal dos Direitos Humanos, e ensina que a convivência humana deve ser praticada na liberdade, "no modo que convém à dignidade de seres levados por sua própria natureza racional a assumir a responsabilidade do próprio agir".[5] Como tal, a liberdade favorece o dinamismo da convivência humana na história e encontra sua autenticação na ordem criatural desejada por Deus. Ela, com efeito, é a capacidade com a qual o Criador dotou o homem, a fim de que pudesse buscar a verdade com sua inteligência, escolher o bem com sua vontade, e aderir com todo o seu coração à promessa divina de salvação, que resgata e realiza no amor de Deus a sua vocação à vida. Essa disposição da liberdade do ser humano deve ser defendida contra toda espécie de prevaricação, intimidação ou violência.[6]

Os pontos salientes de *Dignitatis humanae*

17. Voltamo-nos agora, embora em extrema síntese, para o ensinamento do Concílio Vaticano II. Solenemente, a

---

[5] SÃO JOÃO XXIII. Carta Enc. *Pacem in terris* (11 de abril de 1963), n. 18: *AAS* 55 (1963), 261.
[6] Cf. ibid., nn. 9, 14, 45-46, 64, 75: *AAS* 55 (1963), 260-261, 268-269, 275, 279. Essas perspectivas se tornarão constantes a partir do Concílio Vaticano II em diante: cf. CONCÍLIO ECUMÊNICO VATICANO II. Const. Past. *Gaudium et spes* (7 de dezembro de 1965), n. 17; SÃO JOÃO PAULO II. Carta Enc. *Veritatis Splendor* (6 de agosto de 1993), nn. 35-41: *AAS* 85 (1993), 1161-1166; *Catecismo da Igreja Católica* (1997), nn. 1731-1738; BENTO XVI. Carta Enc. *Caritas in veritate* (29 de junho de 2009), nn. 9, 17: *AAS* 101 (2009), 646-647, 652-653.

Declaração afirma: "O direito à liberdade religiosa se funda realmente sobre a mesma dignidade da pessoa humana, assim como a tornaram conhecida a Palavra de Deus revelada e a própria razão. Esse direito da pessoa humana à liberdade religiosa deve ser reconhecido e sancionado como direito civil no ordenamento jurídico da sociedade" (DH 2a). *Dignitatis humanae* propõe quatro argumentos que justificam a escolha da liberdade religiosa exatamente como um direito que se fundamenta na dignidade da pessoa humana (cf. DH 1-8). Esses argumentos são amplamente retomados à luz da Revelação divina (cf. DH 9-11), livremente acolhida no ato de fé (cf. DH 10), especificando também o exercício que dela fez a Igreja (cf. DH 12-14).[7]

18. O primeiro argumento é a integridade da pessoa humana, ou seja, a impossibilidade de separar a sua liberdade interior da sua manifestação pública. Esse direito de liberdade não é fato subjetivo, mas brota ontologicamente da natureza e da vocação radical pela qual todo ser humano é pessoa, dotada de razão e vontade, em virtude das quais é chamada a entrar numa relação existencialmente envolvente com o bem, a verdade, a justiça. Em termos religiosos, essa intrínseca vocação de ser pessoal é o ser humano segundo o desígnio originário divino: criado como *capax Dei*, aberto à transcendência. Esse é o fundamento radical e último da liberdade religiosa (cf. DH 2a, 9, 11, 12). O ponto central, portanto, é a sacrossanta liberdade da pessoa: não ser forçado ou mortificado no exercício autêntico da religião.

---

[7] Nessa questão, vejam-se adiante os nn. 41, 42, 76.

A esse respeito, toda pessoa deve responder de forma responsável por seus atos: na seriedade de sua consciência do bem e na liberdade da sua busca da verdade (e justiça; cf. DH 2, 4, 5, 8, 13).

19. O segundo argumento é intrínseco ao dever de procurar a verdade, que requer e pressupõe o diálogo entre seres humanos, segundo a própria índole, portanto, de modo social. A liberdade religiosa, longe de esvaziar de importância a ligação social, permanece condição compartilhada pela busca da verdade digna do homem. O valor do diálogo é decisivo, pois "a verdade não se impõe a não ser por força da própria verdade, que penetra o espírito suavemente e ao mesmo tempo com vigor" (DH 1c). O diálogo ativado dessa busca permitirá a todos, sem discriminações, expor e argumentar a verdade recebida e descoberta, a fim de reconhecer sua importância para toda a comunidade humana (cf. DH 3b).[8] O sujeito da liberdade religiosa não é, portanto, somente a pessoa, mas também a comunidade e, especialmente, a família. Daí o apelo à necessidade do exercício da liberdade na transmissão dos valores religiosos mediante a educação e o ensino. Quanto à família e aos pais se afirma: "A cada família – sociedade que usufrui um direito próprio e primordial – compete o direito de ordenar livremente a própria vida religiosa doméstica sob a direção dos pais. A estes cabe o direito de determinar a educação religiosa a ser transmitida aos próprios filhos, de acordo com a própria persuasão religiosa. Portanto, a

---

[8] Cf. também: CONCÍLIO ECUMÊNICO VATICANO II. Decl. *Nostra aetate* (28 de outubro de 1965), nn. 1, 5.

autoridade civil deve reconhecer que os pais têm o direito de escolher, com verdadeira liberdade, as escolas e outros meios de educação" (DH 5a).

20. O terceiro argumento brota da natureza da religião, que o *homo religiosus*, na condição de ser social, vive e manifesta na sociedade mediante atos internos e culto público.[9] O direito à liberdade religiosa se exerce, com efeito, na sociedade humana e consente ao homem, em primeiro lugar, a imunidade de qualquer coerção externa naquilo que se refere à relação com Deus (cf. DH 2, 3c-e, 4, 10, 11, 13). As autoridades civis e políticas, cujo fim próprio é cuidar do bem comum temporal, não têm nenhum direito de intrometer-se nas questões atinentes à esfera da liberdade religiosa pessoal, que permanece intocável na consciência da pessoa, nem na sua manifestação pública, a não ser que não se trate de questão de justa ordem pública fundada, em todo caso, sobre fatos averiguados e informações corretas (cf. DH 1, 2, 5).

21. O quarto argumento, enfim, toca os limites do poder puramente humano, civil e jurídico em questão de religião. É preciso que também a própria religião tenha

---

[9] Ao referir-se ao ateísmo, o Concílio oferece uma descrição existencial da condição religiosa como pertencente à experiência comum dos homens (cf. CONCÍLIO ECUMÊNICO VATICANO II. Const. Past. *Gaudium et spes*, nn. 19-21). É uma reflexão permanente nos textos eclesiais pós-conciliares. Vejam-se as sínteses do *Catecismo da Igreja Católica*, nn. 27-30, ou do *Compêndio da Doutrina Social da Igreja* (2004), nn. 14-15. Também os documentos da Comissão Teológica Internacional, *Il cristianesimo e le religioni* (1997), nn. 107-108; *Dio Trinità, unità degli uomini. Il monoteismo cristiano contro la violenza* (2014), nn. 1-2.

plena advertência da legitimidade ou não das formas da sua manifestação pública. Com efeito, a explicitação dos limites da liberdade religiosa, em ordem à salvaguarda da justiça e à custódia da paz, é parte integrante do bem comum (cf. DH 3, 4, 7, 8) e envolve os próprios crentes (cf. DH 7, 15).

A liberdade religiosa após o Concílio Vaticano II

22. Com o princípio de liberdade religiosa já claramente definido como direito civil do cidadão e dos grupos de viver e manifestar a dimensão religiosa inerente ao homem, os padres conciliares deixam ainda aberto um aprofundamento posterior. Tendo sublinhado os fundamentos, a *Dignitatis humanae* favorece um amadurecimento dos pontos que emergem do documento conciliar. De fato, também hoje "não faltam, porém, regimes que, ainda que em suas constituições reconheçam a liberdade do culto religioso, se esforçam para estornar os cidadãos da profissão da religião e tornar muito difícil e perigosa a vida para as comunidades religiosas. O sagrado Sínodo, enquanto saúda com ânimo alegre os sinais propícios deste tempo e denuncia com amargura esses fatos deploráveis, exorta os católicos e convida todos os seres humanos a considerar com maior atenção o quanto a liberdade religiosa seja necessária, sobretudo, na presente situação da família humana" (DH 15b-c). É assim que, à distância de cinquenta anos, as novas ameaças à liberdade religiosa adquiriram dimensões globais, pondo em risco também outros valores morais, e interpelam o Magistério pontifício em suas principais intervenções internacionais, discursos e ensinamentos.[10] Os papas da nossa época deixam claramente entender que esse tema, como expressão mais profunda da liberdade de consciência, levanta questões antropológicas, políticas e teológicas que agora parecem discriminantes para o destino do bem comum e da paz entre os povos do mundo.

23. Para São Paulo VI, o direito à liberdade religiosa é questão ligada à verdade da pessoa humana. Dotado de intelecto e vontade, o homem possui uma dimensão espiritual que o torna um ser de abertura, de realização e de transcendência.[11] A verdade sobre o homem revela que ele busca ultrapassar os confins da temporalidade, até o reconhecimento do seu ser criado por Deus e, na condição de crente, à consciência de ser chamado a participar da vida divina. Essa dimensão religiosa está enraizada na sua consciência, e sua dignidade consiste exatamente em corresponder à verdade dos imperativos morais e no diálogo com os outros. No contexto de hoje, o diálogo envolve também as religiões, que devem ter posturas de abertura umas em relação às outras, sem condenações *a priori*, e evitando polêmicas que possam indevidamente ofender os outros crentes.

24. São João Paulo II afirma que a liberdade religiosa, fundamento de todas as outras liberdades, é exigência

---

[10] Veja-se adiante n. 44. Uma síntese relevante sobre a doutrina eclesial em *Compêndio da Doutrina Social da Igreja*, nn. 421-423.
[11] Cf. SÃO PAULO VI. Carta Enc. *Ecclesiam suam* (6 de agosto de 1964), nn. 30, 72, 81, 90 et passim: *AAS* 56 (1964), 618-619, 641-642, 644, 646-647; Discorso al Corpo Diplomatico accreditato presso la Santa Sede (14 de janeiro de 1978): *AAS* 70 (1978), 168-174.

irrenunciável da dignidade de todo homem. Não é um direito entre outros, mas constitui "a garantia de todas as liberdades que garantem o bem comum das pessoas e dos povos".[12] Trata-se de "uma pedra angular do edifício dos direitos humanos",[13] como aspiração e tensão rumo a uma esperança mais elevada, espaço de liberdade e responsabilidade. Portanto, a liberdade do homem na busca da verdade e na profissão das convicções religiosas, deve encontrar clara garantia no ordenamento jurídico da sociedade; em outras palavras, deve ser reconhecida e sancionada pelo direito civil. É oportuno que os estados se empenhem mediante documentos normativos em reconhecer o direito dos cidadãos à liberdade religiosa, base da pacífica convivência civil, elemento substancial de verdadeira democracia, garantia necessária para a vida, a justiça, a verdade, a paz e a missão dos cristãos e de suas comunidades.[14]

---

[12] SÃO JOÃO PAULO II. Carta Enc. *Redemptoris missio* (7 de dezembro de 1990), n. 39: *AAS* 83 (1991), 286-287.

[13] Id., Messaggio per la celebrazione della XXI Giornata Mondiale della Pace: "La libertà religiosa, condizione per la pacifica convivenza" (1º de janeiro de 1988): *AAS* 80 (1988), 278-286.

[14] Cf. id., Carta Enc. *Redemptor hominis* (4 de março de 1979), nn. 12b-c, 17f-i: *AAS* 71 (1979), 279-281, 297-300; Incontro con esponenti delle religioni non cristiane (5 de fevereiro de 1986), Madras, n. 5: *AAS* 78 (1986), 766-771; Exort. Apost. *Christifideles laici* (30 de dezembro de 1988), n. 39: *AAS* 81 (1989) 466-468; Messaggio per la celebrazione della XXI Giornata Mondiale della Pace: "La libertà religiosa, condizione per la pacifica convivenza": *AAS* 80 (1988), 278-286; Messaggio per la celebrazione della XXII Giornata Mondiale della Pace: "Per costruire la pace rispettare le minoranze" (1º de janeiro de 1989): *AAS* 81 (1989), 95-103; Messaggio per la celebrazione della XXIV Giornata Mondiale della Pace: "Se vuoi la pace, rispetta la coscienza di ogni uomo" (1º de janeiro de 1991): *AAS* 83 (1991), 410-421.

25. Como síntese do pensamento de Bento XVI sobre a liberdade religiosa, pode-se indicar a mensagem para a celebração da Jornada Mundial da Paz de 2011.[15] Ele ensina que o direito à liberdade religiosa está enraizado na dignidade da pessoa humana na condição de ser espiritual, relacional e aberto ao transcendente. Portanto, não é um direito reservado unicamente aos crentes, mas a todos, porque síntese e ápice dos outros direitos fundamentais. Como origem da liberdade moral, a liberdade religiosa, se respeitada por todos, é sinal de civilidade política e jurídica que garante a realização de autêntico desenvolvimento humano integral. Por isso promove a justiça, a unidade e a paz para a família humana, favorece a busca da verdade que se espelha em Deus, nos valores éticos e espirituais, universais e compartilhados e, por fim, suscita o diálogo de todos para o bem comum. Assim se constrói a ordem social e pacífica. Ao contrário, não respeitar a liberdade religiosa em qualquer nível da vida individual, comunitária, civil e

---

[15] Cf. BENTO XVI. Messaggio per la celebrazione della XLIV Giornata Mondiale della Pace: "Libertà religiosa, via per la pace" (1º de janeiro de 2011): *AAS* 103 (2011), 46-58. Vejam-se também: Carta Enc. *Caritas in veritate*, n. 29: *AAS* 101 (2009), 663-664; Discorso al Corpo Diplomatico accreditato presso la Santa Sede (12 de maio de 2005): *AAS* 97 (2005), 789-791; Discorso alla Curia romana in occasione della presentazione degli auguri natalizi (22 de dezembro de 2006): *AAS* 99 (2007), 26-36; "Fede, ragione e università. Ricordi e riflessioni". Discorso nell'incontro con i rappresentanti della scienza (12 de setembro de 2006), Ratisbona: *AAS* 98 (2006), 728-739; Discorso al Corpo Diplomatico accreditato presso la Santa Sede (10 de janeiro de 2011): *AAS* 103 (2011), 100-107; Discorso alle autorità civili (17 de setembro de 2010), Westminster: *AAS* 102 (2010), 633-635; Discorso ai rappresentanti istituzionali e laici di altre religioni (17 de setembro de 2010), London/Borough of Richmond: *AAS* 102 (2010), 635-639; Omelia (28 de março de 2012), L'Avana: *AAS* 104 (2012), 322-326.

política, ofende a Deus, a própria dignidade humana e cria situações de desarmonia social. Infelizmente, registram-se ainda no mundo frequentes episódios de negação da liberdade religiosa que se manifestam nas formas equívocas de religião como o sectarismo ou o fundamentalismo violento, na discriminação religiosa e também nas manipulações ideológicas de cunho laicista. É, pois, necessária uma laicidade positiva das instituições do Estado para promover a educação religiosa, "estrada privilegiada para habilitar as novas gerações a reconhecer no outro o próprio irmão e a própria irmã, com os quais caminhar juntos e colaborar".[16] Por sua vez, as religiões devem inserir-se numa dinâmica de purificação e de conversão, obra da reta razão iluminada também ela pela religião.

26. Papa Francisco sublinha que a liberdade religiosa não visa preservar uma "subcultura", como desejaria certo laicismo, mas constitui precioso dom de Deus para todos, garantia basilar de toda expressão de liberdade, baluarte contra os totalitarismos e contribuição decisiva para a fraternidade humana. Alguns textos clássicos das religiões têm

---

[16] Id., Messaggio per la celebrazione della XLIV Giornata Mondiale della Pace: "Libertà religiosa, via per la pace" (1º de janeiro de 2011), n. 4: *AAS* 103 (2011), 49-50. Para o significado da expressão "laicidade positiva", veja-se adiante nota 15, p. 72. Bento XVI propõe em outras ocasiões o termo "sadia laicidade" para identificar a modalidade válida de relação entre a dimensão ético-religiosa e a política " [...], onde, na diversidade de suas expressões, é não apenas tolerada, mas valorizada como 'alma' da nação e garantia fundamental dos direitos e deveres do homem" (*Udienza generale* [30 de abril de 2008]). Já Pio XII falara de "legítima sadia laicidade do Estado" (Discorso ai marchigiani residenti a Roma [23 de março de 1958]: *AAS* 50 [1958], 220).

uma força de motivação que abre sempre novos horizontes, estimula o pensamento e faz crescer a inteligência e a sensibilidade. Assim, podem também oferecer um significado para todas as épocas. Os governos devem – entre todas as suas tarefas – tutelar, proteger e defender os direitos humanos como a liberdade de consciência e religiosa. Com efeito, respeitar o direito à liberdade religiosa torna mais forte uma nação e a renova. Por esse motivo, Francisco demonstra grande atenção pelos muitos mártires do nosso tempo, vítimas de perseguições e violências por motivos religiosos, assim como de ideologias que excluem Deus da vida dos indivíduos e das comunidades. Para o pontífice, a religião autêntica, do próprio interior, deve conseguir explicar a existência do outro para favorecer um espaço comum, um ambiente de colaboração com todos, na determinação de caminhar juntos, de rezar juntos, de trabalhar juntos, de ajudar-nos juntos para estabelecer a paz.[17]

Um limiar de novidade?

27. Diante de algumas dificuldades na recepção da nova orientação da *Dignitatis humanae,* o Magistério pós-conciliar

---

[17] Cf. FRANCISCO. Exort. Apost. *Evangelii gaudium* (24 de novembro de 2013), n. 257: *AAS* 105 (2013), 1123; Discorso nell'incontro con le autorità (28 de novembro de 2014), Ankara: *AAS* 106 (2014), 1017-1019; Discorso nell'incontro con i leaders di altre religioni e altre denominazioni cristiane (21 de setembro de 2014), Tirana: *Enchiridion Vaticanum. Documenti ufficiali della Santa Sede*, v. 30 (2014). Bolonha, Dehoniane, 2016, p. 1023-1027; Discorso per la libertà religiosa nell'incontro con la comunità ispanica e altri immigrati (26 de setembro de 2015), Filadélfia: *AAS* 107 (2015), 1047-1052.

sublinhou a dinâmica imanente ao processo da evolução homogênea da doutrina, que Bento XVI indicou como "'hermenêutica da reforma', da renovação na continuidade do único sujeito-Igreja".[18] A própria Declaração antecipava seu sentido: "A Igreja portanto [...] guardou e transmitiu no decorrer dos séculos a doutrina recebida de Cristo e dos apóstolos. E, embora na vida do povo de Deus, peregrinando por entre as vicissitudes da história humana, de tempos em tempos houve modos de agir menos conformes ao espírito evangélico, pelo contrário, opostos, todavia a doutrina da Igreja, segundo a qual ninguém pode ser constrangido com a força a abraçar a fé, nunca falhou" (DH 12a). O texto conciliar reconduz, portanto, à sua evidência fundamental o ensinamento do Cristianismo, segundo o qual não se deve constranger à religião, pois esse forçamento não é digno da natureza humana criada por Deus e não corresponde à doutrina da fé professada pelo Cristianismo. Deus chama para si todo homem, mas não constrange a ninguém. Portanto, essa liberdade se torna direito fundamental que o homem pode reivindicar em consciência e responsabilidade em relação ao Estado.

28. Esta é a dinâmica da inculturação do Evangelho, que é imersão livre da Palavra de Deus nas culturas para transformá-las a partir de dentro, iluminando-as à luz da revelação, de tal modo que também a própria fé se deixe

---

[18] BENTO XVI. Discorso alla Curia romana in occasione della presentazione degli auguri natalizi (22 de dezembro de 2005): *AAS* 98 (2006), 46. Cf. FRANCISCO. Exort. Apost. *Evangelii gaudium*, nn. 26-30: *AAS* 105 (2013), 1030-1033.

interpelar pelas realidades históricas contingentes – interculturalidade – como ponto de partida para poder discernir significados mais profundos da verdade revelada que, por sua vez, deve ser recebida na cultura do contexto.[19]

---

[19] Cf. CONCÍLIO ECUMÊNICO VATICANO II. Const. Past. *Gaudium et spes*, n. 53c; SÃO PAULO VI. Exort. Apost. *Evangelii nuntiandi* (8 de dezembro de 1975), nn. 18-20: *AAS* 68 (1976), 17-19; SÃO JOÃO PAULO II. Carta Enc. *Slavorum Apostoli* (2 de junho de 1985), n. 21: *AAS* 77 (1985), 802-803; FRANCISCO. Exort. Apost. *Evangelii gaudium*, nn. 116-117: *AAS* 105 (2013), 1068-1069; COMISSÃO TEOLÓGICA INTERNACIONAL. *Fede e inculturazione* (1988), n. 1.11. Para a distinção entre "inculturação" e "interculturalidade", veja-se: RATZINGER, J. *"Christ, Faith and The Challenge of Cultures". Meeting with the Doctrinal Commissions in Asia*. Hong-Kong, 2-5 mar. 1993 (veja-se o texto no site oficial: <http://www.vatican.va/roman_curia/congregations/cfaith/index_it.htm> [data de consulta: 9 jan. 2019]).

3. O DIREITO DA PESSOA À LIBERDADE RELIGIOSA

29. Na antropologia cristã, cada pessoa está sempre em relacionamento com a comunidade humana, desde sua concepção e ao longo do amadurecimento de sua vida: "Quando falamos da pessoa, referimo-nos tanto à irredutível identidade e interioridade que constituem o indivíduo na sua singularidade quanto à relação fundamental com os outros que está na base da comunidade humana".[1] Essa relação, na qual se plasma historicamente a qualidade humana do indivíduo e da sociedade, é dimensão própria da existência humana e da sua própria condição espiritual. O bem da pessoa e o bem da comunidade não devem ser entendidos como princípios contrapostos, e sim como finalidades convergentes do empenho ético e do desenvolvimento cultural.

30. O diálogo sobre a verdade por todos procurada e sobre o bem por todos desejado, no horizonte da convivência social, nos empenha consequentemente a desenvolver condições melhores para pensar e praticar a verdade sobre

---

[1] COMISSÃO TEOLÓGICA INTERNACIONAL. *Comunione e servizio. La persona umana creata a immagine di Dio* (2004), n. 41, que remete a socialidade constitutiva à sua raiz última no mistério trinitário: "Na perspectiva cristã, essa identidade pessoal, que é também orientação para o outro, se fundamenta essencialmente na Trindade das Pessoas divinas"; cf. também nn. 42-43. *Compêndio da Doutrina Social da Igreja*, n. 149: "A pessoa é constitutivamente um ser social, porque assim quis Deus, que a criou".

a antropologia e sobre os direitos da pessoa no diálogo. Devemos certamente fazer mais, pois se trata da questão cultural provavelmente mais decisiva para a recomposição da civilização moderna, da economia e da técnica com o humanismo integral da pessoa e da comunidade. É também uma questão crucial para a humana credibilidade da fé cristã, que reconhece na dedicação para a justiça desse humanismo integral um testemunho de relevo universal para a conversão da mente e do coração à verdade do amor de Deus.

A disputa sobre os fundamentos teóricos

31. A reação contra a experiência traumatizante dos totalitarismos que, no século XX, massacraram as pessoas em nome do poder do Estado, considerado um absoluto no qual as pessoas são absorvidas como funções e instrumentos da sua realização, ocupa lugar central no desenvolvimento e defesa hodierna dos direitos inalienáveis de todo indivíduo. Nessa moldura, o direito à liberdade religiosa aparece como um dos direitos fundamentais de toda pessoa humana.[2] Quase todos concordam que os "direitos fundamentais do homem" fundamentam-se na "dignidade da pessoa humana". Mas a natureza dessa dignidade é objeto de debate e tema de contraposição. Esse fundamento

---

[2] Declaração Universal dos Direitos Humanos, art. 18: "Toda a pessoa tem direito à liberdade de pensamento, de consciência e de religião; este direito implica a liberdade de mudar de religião ou de convicção, assim como a liberdade de manifestar a religião ou convicção, sozinho ou em comum, tanto em público como em privado, pelo ensino, pela prática, pelo culto e pelos ritos".

transcende objetivamente a autodeterminação humana ou depende exclusivamente do reconhecimento social? É de ordem ontológica ou de natureza puramente legal? Qual é sua relação com a liberdade das opções pessoais, com a tutela do bem comum, com a verdade da natureza humana? Na falta de algum consenso – ou ao menos de comum orientação – a individuar os critérios do justo exercício do direito à liberdade religiosa, o arbítrio das práticas e o conflito das interpretações tornar-se-ão ingovernáveis para a sociedade civil (e perigosos para a comunidade humana). O risco duplica nas sociedades nas quais a abertura religiosa à transcendência já não é mais percebida como elemento unificador para a confiança partilhada no sentido da condição humana, mas, antes, como a sobrevivência de visão arcaica e já superada da história.

Dignidade e verdade da pessoa humana

32. O *incipit* de *Dignitatis humanae* reconduz os direitos da pessoa humana, e especialmente o direito à liberdade religiosa, à dignidade da pessoa humana. Num sentido muito geral, a dignidade remete à inalienável perfeição do ser-sujeito na ordem ontológica, moral ou social.[3] A noção é usada na ordem moral das relações intersubjetivas para designar aquilo que possui valor em si mesmo e, portanto, jamais pode ser tratado como se fosse simples meio. A dignidade é, pois, propriedade inerente da pessoa como tal.

---

[3] Veja-se a esse respeito: COMISSÃO TEOLÓGICA INTERNACIONAL. *Dignità e diritti della persona umana* (1983), n. A; *Compêndio da Doutrina Social da Igreja*, nn. 144-148.

33. Na perspectiva da metafísica clássica, integrada e reelaborada pela reflexão cristã, a pessoa foi tradicionalmente definida, em ordem à sua irredutível singularidade e dignidade individual, como "uma substância individual de natureza racional".[4] Todos os indivíduos que, em virtude da sua filiação biológica, pertencem à espécie humana participam dessa natureza. Portanto, cada indivíduo de natureza humana, seja qual for o estado do próprio desenvolvimento biológico ou psicológico, seja qual for seu sexo ou sua etnia, executa a noção de pessoa e exige da parte dos outros o absoluto respeito devido. A natureza humana, na sua irredutibilidade, é posta na trama do mundo espiritual e do mundo corporal.[5] A dignidade da pessoa humana diz respeito, portanto, também ao corpo, que é sua dimensão constitutiva e "participa da *imago Dei*".[6] O corpo não pode ser tratado como simples meio ou instrumento, como se não

---

[4] BOETHIUS, A. M. S. Contra Eutychen et Nestorium. In: MORESCHINI, C. (org.). *De consolatione philosophiae. Opuscula theologica (= Bibliotheca scriptorum graecorum et romanorum teubneriana)*. Monachii/Lipsiae, Saur, 2000, p. 206-241, 214. Cf. SÃO BOAVENTURA. Commentaria in quatuor libros sententiarum Magistri Petri Lombardi, I, d. 25, a. 1, q. 2. In: *Opera omnia*, Ad Claras Aquas, Typographia Collegii S. Bonaventurae, 1882, v. I, p. 439-441; SANTO TOMÁS DE AQUINO. Summa Theologiae, Iª, q. 29, a. 1. In: *Opera omnia iussu Leonis XIII P. M. edita*, Roma, Typographia Polyglotta, 1888, v. 1, p. 327-329.

[5] Cf. SANTO TOMÁS DE AQUINO. Summa contra gentiles, II, c. 68. In: *Opera omnia iussu Leonis XIII P. M. edita*. Roma, Typis Riccardi Garroni, 1918, v. 13, p. 440-441. Cf. Concílio de Viena (DenzH 902); Concílio V Lateranense (DenzH 1440); Concílio Ecumênico Vaticano II. Const. Past. *Gaudium et spes*, n. 14; *Catecismo da Igreja Católica*, nn. 362-368.

[6] COMISSÃO TEOLÓGICA INTERNACIONAL. *Comunione e servizio*, n. 31.

fosse dimensão integrante da dignidade pessoal. Ele compartilha o destino da pessoa e a sua vocação à divinização.[7]

34. A dimensão intrinsecamente pessoal da natureza humana se implanta na ordem moral como capacidade de autodeterminar-se e orientar-se para o bem, ou seja, como liberdade responsável. Essa qualidade constitui radicalmente a dignidade da natureza humana, objeto de responsabilidade e de cuidado para com toda a comunidade humana. "Há também uma ecologia do homem. Também o homem possui uma natureza que deve respeitar e não pode manipular a gosto. O homem não é somente uma liberdade que se cria por si. O homem não cria a si mesmo."[8] Desde o início, com efeito, o homem e a mulher descobrem definitivamente a si próprios como doados-a-si por Deus mediante os pais. Esse ser-doado exige ser recebido, integrando-se com o desenvolvimento da consciência, e não constitui limite para a liberdade de realizar a si mesmos, ao contrário, representa a condição que orienta a liberdade como ser-dom para o outro. Esse reconhecimento originário fecha a estrada a uma concepção autorreferencial da individualidade, orientando a edificação da pessoa ao desenvolvimento partilhado da reciprocidade.

---

[7] A Sagrada Escritura é constante em seu ensinamento a esse respeito: "Não sabeis que o vosso corpo é templo do Espírito Santo que está em vós?" (1Cor 6,19). Portanto, em Cristo, como ensina o *Catecismo da Igreja Católica*, n. 999: "todos ressuscitarão com o seu próprio corpo, com o corpo que agora têm" (DenzH 801), mas esse corpo será transfigurado em corpo glorioso (cf. Fl 3,21), em "corpo espiritual" (1Cor 15,44). Veja-se também: COMISSÃO TEOLÓGICA INTERNACIONAL. *Comunione e servizio*, nn. 26-31.

[8] BENTO XVI. Discorso al Bundestag (22 de setembro de 2011), Berlim: *AAS* 103 (2011), 663-669.

35. "Na tradição teológica cristã, a pessoa apresenta dois aspectos complementares."[9] A noção de pessoa "remete à unicidade de um sujeito ontológico que, sendo de natureza espiritual, desfruta de dignidade e autonomia que se manifestam na consciência de si e no livre senhorio do próprio agir".[10] Esse mesmo sujeito espiritual "se manifesta na capacidade de entrar em relação: ela exerce sua ação na ordem da intersubjetividade e da comunhão indivíduo no amor".[11] A necessidade de levar a uma mais completa evidência a razão metafísica do nexo originário entre ser-individual e ser-relacional, que se afirmou dentro da inteligência da fé, produziu desenvolvimentos que decisivamente enriqueceu o pensamento cristão e suas potencialidades de diálogo com a cultura moderna. A filosofia, a ciência, a antropologia social da modernidade, por sua vez, acolhendo também a própria solicitação da visão cristã originária, deram vigoroso impulso às estruturas do ser pessoal – notadamente, *consciência* e *liberdade* –, individuando-as como dimensões constitutivas da natureza humana.

36. Nessa valorização moderna da singularidade humana, adquiriram inédito relevo, em relação à tradição anterior, a dimensão da *historicidade* e da *praxe*. Essa legítima valorização, nas suas múltiplas interpretações, não

---

[9] COMISSÃO TEOLÓGICA INTERNACIONAL. *Alla ricerca di un'etica universale: nuovo sguardo sulla legge naturale* (2009), n. 67.
[10] Ibid.
[11] Ibid. Veja-se também: COMISSÃO TEOLÓGICA INTERNACIONAL. *Dignità e diritti della persona umana*, n. A. II. 1. Sobre a relação criativa entre teologia e filosofia, veja-se a síntese de São João Paulo II, Carta Enc. *Fides et ratio* (1998), nn. 73-79: *AAS* 91 (1999), 61-67.

se produziu sem contradições, que se refletem agora em muitos processos da sociedade e da cultura contemporânea. Por exemplo, na ênfase posta na instância incondicionada da liberdade individual, no âmbito político, afetivo, moral, num contexto em que aparece pressionando sempre mais a história científica dos condicionamentos impessoais e materiais que decidem os pensamentos, os sentimentos, as decisões. A teologia, por sua vez, ainda antes do Concílio Vaticano II, já começara a confrontar-se, à luz da Revelação, com as instâncias da nova cultura antropológica, quer entendendo mais profundamente a vocação divina de cada pessoa à responsabilidade de realizar a si mesma mediante seu agir histórico, quer explorando mais profundamente a qualidade social do ser pessoal, chamado a definir a si mesmo em relação com Deus, os outros homens, o mundo e a história.

O ser pessoa é inerente à condição humana

37. Nesse quadro dialético, poderemos sinteticamente resumir o *focus* antropológico do documento conciliar. *Dignitatis humanae* estabelece a ligação radical dos direitos invioláveis do homem, e, portanto, da sua liberdade individual, com a própria natureza do seu ser pessoa. Com efeito, há um único critério para o reconhecimento efetivo do *a priori* pessoal: a pertença biológica ao gênero humano. A dignidade pessoal, e os direitos humanos a ela inerentes, são já incondicionalmente inscritos nessa pertença. O ser pessoa, nesse sentido, não é atribuição conexa com específica qualidade ou dotação do ser humano, como o seu

ser consciente ou a sua capacidade de autodeterminação. Sequer se trata de potencialidade ou efeito do seu amadurecimento. A dignidade pessoal é já radicalmente inerente a todo indivíduo, como fator constitutivo da sua condição humana: matriz de toda qualidade individual, toda condição existencial, todo grau de desenvolvimento. O ser pessoal evolui e se desenvolve, certamente; todavia, o ser-pessoa não é algo que cada um pode acrescentar a si mesmo (ou a outro). Não há um processo do ser humano no qual "algo" se torna "alguém": ser-humano e ser-pessoa nós o somos sempre e inseparavelmente, porque não nos tornamos humanos se formos outro. E o modo humano de ser é o do ser individualidade pessoal.

38. O reconhecimento do ser pessoa, como dimensão inerente a cada ser humano, funda a comunidade dos seres humanos, dentro da qual cada um ocupa um lugar irrevogável e se põe como titular de direitos inalienáveis. Nesses termos, pode-se dizer que os direitos da pessoa são os direitos do homem. A comunidade humana que pretendesse expropriar a pessoa da sua qualidade humano-pessoal começaria, portanto, nesse momento, a violar a própria dignidade e a destruir a si mesma: quer como comunidade, quer como humana. Por outro lado, aparece igualmente claro que o reconhecimento da inalienável qualidade pessoal de todo ser humano é o próprio princípio de pertença à humanidade de cada indivíduo. Justamente essa pertença, que torna legítimo o projeto de completa realização de si, não é entregue a seu arbítrio, mas à sua responsabilidade para com o humano que é comum. E, portanto, para com todos. O reconhecimento e a prática da comunidade humana, por ser humana e feita de pessoas, é exatamente o modo no qual cada um age e honra a própria irredutível qualidade humana pessoal. Nessa perspectiva, aparece definitivamente claro que o respeito da dignidade pessoal do indivíduo e a participação dele na edificação comunitária do humano se correspondem radicalmente.

39. Por isso, adquirem importância especial o empenho de sustentar uma concepção relacional do ser pessoal, desenvolvendo uma reflexão antropológica capaz de corrigir persuasivamente as visões individualistas do sujeito.[12] Por outro lado, não somente as linhas mais importantes do pensamento filosófico recente, mas também correntes relevantes do saber político, econômico e, também, científico convergem significativamente ao ilustrar a dimensão constitutiva das dinâmicas racionais. A interação e a reciprocidade que caracterizam a existência pessoal correspondem à condição profunda da singularidade humana, tanto na vida do corpo como na do espírito. A pessoa se manifesta em toda a sua beleza precisamente através de sua capacidade de realizar-se na relação com a interioridade espiritual, na ordem das relações intersubjetivas e da natureza mundana. Não é necessário enfatizar aqui o relevo fundamental que assume a comunhão entre as pessoas, recentemente endereçada pela verdade do amor na visão cristã da pessoa e da comunidade.[13]

---

[12] Sobre as implicações teológicas da concepção do ser humano como "imago Dei", cf.: COMISSÃO TEOLÓGICA INTERNACIONAL. *Comunione e servizio*, cap. 2.

[13] Cf. COMISSÃO TEOLÓGICA INTERNACIONAL. *Dignità e diritti della persona umana*, n. A. II. 1; também: id., *Comunione e servizio*, nn. 40-43.

A mediação da consciência

40. Essa verdade da condição humana apela à pessoa mediante a consciência moral, ou seja, o "juízo da razão mediante o qual a pessoa humana reconhece a qualidade moral de um ato concreto que está prestes a realizar, está realizando ou realizou".[14] A pessoa nunca deve agir contra o juízo da própria consciência – que deve formar-se retamente, com responsabilidade e com todas as ajudas necessárias. Seria, por sua parte, consentir em agir contra aquilo que crê ser a exigência do bem e, portanto, em última análise, a vontade de Deus;[15] porque é Deus que nos fala naquele "núcleo mais secreto e sacrário do homem, onde ele está só com Deus".[16] E, ao dever moral de jamais agir contra o juízo da própria consciência – também quando ela estiver invencivelmente errônea –, corresponde o direito da pessoa de nunca ser por ninguém obrigada a agir contra a própria consciência, especialmente em matéria religiosa. As autoridades civis têm o dever correlativo de respeitar e fazer respeitar esse direito fundamental nos justos limites do bem comum.

41. O direito de não ser obrigado a agir contra a própria consciência está em profunda sintonia com a convicção cristã de que a pertença religiosa se define essencialmente

---

[14] *Catecismo da Igreja Católica*, n. 1778.
[15] Cf. SANTO TOMÁS DE AQUINO. Summa Theologiae, I^a-II^{ae}, q. 19, a. 5. In: *Opera omnia iussu Leonis XIII P.M. edita*. Roma, Ex Typographia Polyglotta, 1891, v. 6, p. 145-146.
[16] CONCÍLIO ECUMÊNICO VATICANO II. Const. Past. *Gaudium et spes,* n. 16.

por uma atitude – a fé – que, por sua natureza, não pode não ser livre. Essa insistência cristã na indispensável liberdade do ato de fé tem verossimilmente exercido um papel de primeiro plano no processo histórico de emancipação do indivíduo na modernidade primeira. "A obediência da fé" (Rm 1,5) é livre adesão da pessoa ao desígnio de amor do Pai que, por meio de Cristo e no poder do Espírito, convida todo homem a entrar no mistério da comunhão trinitária. O ato de fé é o ato mediante o qual "o homem se abandona a Deus total e livremente [...] aderindo voluntariamente à Revelação que ele faz.[17]" Assim, não obstante comportamentos históricos dos cristãos realizados em grave contradição com a sua constante doutrina,[18] a Igreja sabe que Deus respeita a liberdade do agir humano e a sua inscrição nos processos da vida e da história. Defendendo a liberdade do ato de fé, a Igreja oferece a todos os homens outro testemunho: se é verdade que a liberdade cresce com a verdade, é igualmente evidente que a verdade precisa de um clima de liberdade para florescer (cf. Jo 8,32).

42. Com efeito, se refletirmos profundamente, a liberdade da fé é o modelo mais elevado que se possa pensar para a dignidade do homem. Nessa moldura se compreende que a Igreja interprete sua missão fundamental em termos de resgate da liberdade do poder do pecado e do mal, que quer convencer a criatura da impossibilidade do amor de Deus. A suspeição insinuada pela maligna serpente, de

---

[17] Id., Const. Dogm. *Dei Verbum* (18 de novembro de 1965), n. 5.
[18] Cf. COMISSÃO TEOLÓGICA INTERNACIONAL. *Memoria e riconciliazione. La Chiesa e le colpe del passato* (2000), n. 5.3.

que fala o livro de Gênesis (cf. Gn 3), aprisiona o ser humano no pensamento de secreta hostilidade de Deus. Essa corrupção da imagem de Deus gera conflito entre os seres humanos, sufoca a liberdade, mortifica as relações. A imagem despótica de Deus, insinuada pelo engano do maligno, se projeta em todas as relações humanas (começando da relação do homem e da mulher), gerando uma história de violência e sujeição, que leva à degradação da dignidade pessoal e à corrupção do laço social.[19] A doutrina social da Igreja afirma explicitamente que o centro e a fonte da ordem política e social não pode ser senão a dignidade da pessoa humana, inscrita na forma da liberdade.[20] Trata-se de um princípio absoluto, incondicional. Essa impostação converge, neste ponto, com um princípio universalmente compartilhado da modernidade filosófica e política: a pessoa humana nunca pode ser considerada simplesmente como meio, mas como fim.[21]

---

[19] Na cultura romana, Virgílio descreve agudamente como a Deusa Juno, para vingar-se de Eneias, manda a Fúria Aletto semear ódio e divisão no coração dos habitantes do Lácio, com o efetivo resultado que desata uma cruel guerra, repleta de ciúme e rancores, e o jovem herói não pode alcançar seu propósito. Cf. VERGILII. *Aeneis,* VII, 341-405. In: O. RIBBECK (org.). *P. Vergilii Maronis Opera.* Teubner, Lipsiae, 1895, p. 554-557 (tr. it., VIRGILIO, *Eneide*. 6. ed. Roma/Milão, Fondazione Lorenzo Valla/ Arnoldo Mondadori Editori, 2008, v. IV, p. 28-32).

[20] CONCÍLIO ECUMÊNICO VATICANO II. Const. Past. *Gaudium et spes*, n. 25a: "A pessoa humana, que por sua natureza necessita absolutamente de vida social, é e deve ser princípio, sujeito e fim de todas as instituições sociais".

[21] Cf. KANT, I. *Critica della ragion pratica*. Bari: Editori Laterza, 1997, parte I, lib. I, cap. III, A 156 (191). COMISSÃO TEOLÓGICA INTERNACIONAL. *Alla ricerca di un'etica universale*, n. 84: "A pessoa ocupa o centro da ordem política e social porque é fim e não meio".

4. O DIREITO DAS COMUNIDADES À LIBERDADE RELIGIOSA

Dimensão social da pessoa humana

43. A concepção cristã dos direitos da pessoa – que encontraria ecos na antropologia explícita ou implícita de outras tradições religiosas – sustenta que a liberdade inerente ao sujeito humano é chamada a viver na responsabilidade para o bem de todos. Todavia, não tem qualquer possibilidade de crescer em força e sabedoria sem a mediação de relações humanizantes que ajudam essa liberdade a empenhar-se, educar-se, reforçar-se, e também transmitir-se, além das alienações onde a pura individualidade, rebaixada a individualismo, pode apenas vegetar. Em outros termos, nenhuma pessoa, de fato, vive a sós no universo, mas está sempre junto dos outros com os quais é chamada a constituir comunidade.[1] Há muito tempo reconheceu-se que nunca poderíamos julgar se uma coisa é melhor que outra se uma consciência elementar da verdade já não fosse instilada em nós. O juízo da consciência acerca da justiça do agir é elaborado na base da experiência pessoal, mediante a reflexão moral; e esse juízo se define em relação com o

---

[1] Cf. ibid., n. 41; *Compêndio da Doutrina Social da Igreja*, nn. 110, 149.

ethos comunitário que instrui e torna apreciáveis os comportamentos virtuosos conformes à verdade do humano.[2] Nesse sentido, as comunidades de pertença (família, nação, religião) precedem o indivíduo para acolhê-lo e assisti-lo na grande aventura antropológica da sua personalização integral.[3] Aqui se verifica a forma histórica e social de atuação da natureza humana, que compreende um movimento de recíproca integração entre verdade e liberdade.

44. O reconhecimento da "igual dignidade" das pessoas, em todo caso, não se resolve na simples formulação jurídica dos "iguais direitos". Uma concepção excessivamente abstrata e formal da igualdade jurídica dos indivíduos, no âmbito da legalidade institucional, tende a ignorar a riqueza das diferenças que podem e devem ser valorizadas e postas em relação como fonte de riqueza humana, e não neutralizadas como se fossem, em si mesmas, fundamento de discriminação e esvaziamento da identidade. Por outro lado, é preciso distinguir entre as diferenças que estruturam a condição humana e o arbítrio das inclinações subjetivas privadas. O Estado que se limitasse a registrar esses desejos subjetivos, transformando-os em vínculo do direito, sem qualquer reconhecimento da sua relação com o bem comum, arriscaria enfraquecer o suporte institucional das razões éticas que protegem o laço social.[4] A tutela do humano –

---

[2] Cf. COMISSÃO TEOLÓGICA INTERNACIONAL. *Alla ricerca di un'etica universale*, n. 38.

[3] Cf. id., *Comunione e servizio,* nn. 41-45; id., *Fede e inculturazione*, n. 1.6.

[4] Cf. RATZINGER, J.; BENTO XVI. A multiplicação dos direitos e a destruição da ideia de direito. In: *Liberare la libertà. Fede e politica nel Terzo Millennio*. Siena, Cantagalli, 2018, p. 9-15.

nosso bem comum mais precioso – é desse modo exposta a inevitável erosão, que acaba prejudicando também o indivíduo.[5] De modo particular, hoje reconhecemos isso com uma evidência que em outras épocas não era tão forte, que a igual dignidade da mulher deve traduzir-se no completo reconhecimento dos direitos humanos iguais. De fato, "a Bíblia não dá nenhuma entrada ao conceito de superioridade natural do sexo masculino em relação ao feminino".[6] Embora a igual dignidade da criatura de Deus, em virtude da qual a reciprocidade deve exaltar e não mortificar a diferença do seu ser "homem e mulher", seja claramente reconhecível no texto veterotestamentário (cf. Gn 2,18-25), como também na palavra e atitude de Jesus (cf. Mt 27,55; 28,1-8; Mc 7,24-30; Lc 8,1-3; Jo 4,1-42; 11,20-27; 19,25),[7] a elaboração concreta e universal desse princípio apenas começou, não só no pensamento cristão, mas também na cultura civil.[8]

---

[5] Por ocasião do 60º aniversário da Declaração Universal dos Direitos Humanos, a Santa Sé chamou a atenção para o fato de que hoje há também um problema de arbitrário reconhecimento de meras opções e inclinações, ideologicamente manipuladas, que pouco têm a ver com os autênticos direitos do homem. Em muitos casos, a idoneidade desses conteúdos, representando a dignidade do humano universal, não é realmente passada pelo crivo do seu efetivo contributo ao bem comum (cf. TOMMASI, S. M. *Intervento alla sesta sessione ordinaria del Consiglio dei diritti dell'uomo* [10 de dezembro de 2007], Genebra).

[6] COMISSÃO TEOLÓGICA INTERNACIONAL. *Comunione e servizio*, n. 36.

[7] Cf. SÃO JOÃO PAULO II. Carta Apost. *Mulieris dignitatem* (15 de agosto de 1988), nn. 12-16: *AAS* 80 (1988), 1681-1692.

[8] Cf. id., Exort. Apost. *Familiaris consortio* (22 de novembro de 1981), nn. 22-24: *AAS* 74 (1982), 84-91; id., Carta Apost. *Mulieris dignitatem*, n. 1: *AAS* 88 (1988), 1653-1655.

Subsidiariedade e história fundadora

45. O esvaziamento processual das instituições tende a ignorar o papel humanizador próprio da família, na qual a íntima união do homem e da mulher garante continuidade pessoal à geração e educação dos filhos. A unidade – biológica e espiritual – dessa introdução à condição humana e à identidade pessoal, num ambiente primário de reciprocidade e de responsabilidade afetiva, constitui premissa indispensável para a aquisição do sentido humano de sociabilidade.[9] Toda a sociedade vive deste fundamento: a experiência milenária das comunidades humanas, em todas as variações de suas culturas, conhece muito bem seu caráter de insubstituível.

Em segundo lugar, a obsessão por perfeita neutralidade valorativa – que termina no agnosticismo – a respeito da visão religiosa do sentido inclina inevitavelmente a legalidade institucional a tomar distância de todo o universo simbólico da comunidade civil, ou seja, da cultura propriamente humana. Toda comunidade religiosa bebe desse seio simbólico e se expressa mediante seu esclarecimento e interpretação. A indiferença do Estado o torna progressivamente indiferente às funções simbólicas das quais ele pertence socialmente, tornando-se cada vez mais incapaz de compreendê-las e, portanto, de respeitá-las, como alega fazer.

---

[9] Cf. id., Exort. Apost. *Familiaris consortio*, nn. 4-10, 36-41: *AAS* 74 (1982), 84-91, 126-133. Vejam-se os desafios recentes apontados por: FRANCISCO. Exort. Apost. *Amoris laetitia* (19 de março de 2016), nn. 50-57: *AAS* 108 (2016), 331-335. Cf. COMISSÃO TEOLÓGICA INTERNACIONAL. *Alla ricerca di un'etica universale*, nn. 35, 92.

46. A experiência religiosa custodia o plano de realidade no qual a convivência social vive e enfrenta os temas e as contradições próprios da condição humana (o amor e a morte, o verdadeiro e o justo, o incompreensível e o esperável). O testemunho religioso custodia esses temas da vida e do sentido com toda a sua misteriosa profundidade. Com efeito, a religião explicita e mantém em campo a transcendência dos fundamentos éticos e afetivos do humano: ela os subtrai do niilismo da vontade de poder e os restitui à fé no amor do Outro. A unidade indissolúvel do amor de Deus e do próximo, selada na fé cristã, confere à história familiar da justiça e da destinação dos afetos o horizonte da única verdade da esperança realmente à altura das promessas da vida.

Práticas religiosas e humanidade concreta

47. A promessa de eterno resgate para a aventura das afeições humanas, que corresponde à esperança de sua justificação e salvação – mesmo além de qualquer esperança –, bloqueia a estrada para melancólico fechamento individualista e materialista da condição humana e da própria cultura civil. A memória afetiva universal dos defuntos, que foi – e continua sendo – um acento típico da comunidade religiosa, demonstra a força da fidelidade ao caráter irrevogável dos laços humanos. Neles algo incompleto subsiste na espera de resgate, também quando desafiados pela morte. A tradição mais antiga da humanidade atesta a originária disposição do humano à recepção de verdade transcendente das linguagens simbólicas da vida, que resiste espontaneamente ao seu confinamento biológico e abre seus laços ao mistério da vida divina. Por outro lado, nas condições-limite dos eventos trágicos que transtornam a vida e seus laços, mesmo nos estados mais secularizados cria-se publicamente espaço à verdade simbólica da celebração religiosa. Quando um desastre de grande alcance fere a comunidade civil, a firmeza da resistência religiosa ao niilismo da morte aparece a todos como amparo de humanidade insubstituível. A justiça dos afetos da família e da comunidade, que parece inacessível à impotência dos recursos humanos, não renuncia à sua esperança que pode somente ser confiada à justiça e ao amor do Criador. Nesses casos, o tema do sentido e destinação última do humano aparece em toda a sua evidência de questão pública. E a "forma religiosa" desse reconhecimento se legitima, por assim dizer, como verdadeira "função pública", também na moldura do estado leigo.

48. A história nacional, na qual os destinos individuais tentam inscrever-se mediante a sucessão das gerações – para encontrar as próprias raízes e a própria identidade profunda antes e além da forma específica do Estado –, é hoje um desafio de geopolítica global. Se é verdade, como é verdade, que a liberdade e a dignidade das pessoas podem ser formadas apenas pelas tradições e pelas histórias que as expressam e as atualizam, então é urgente que a história nacional saiba enriquecer-se, aceitando a complexidade e a diferenciação de suas contribuições, mediante a história familiar de cada cidadão em referência à história global do universal humano. Portanto, direta ou indiretamente, também mediante a história particular da comunidade religiosa.[10] Por isso, aqueles que já ignoram o Cristianismo, confundem-no com uma ideologia, um moralismo, uma disciplina, ou quem sabe com uma superestrutura arcaica, não poderão ser aproximados a não ser mediante um encontro familiar-humano, a fim de poder escutar a narrativa da história que suscitou o reconhecimento de Deus, em quem custodiar as gerações: "Quando no futuro teu filho te perguntar: 'O que significam essas instruções, essas leis e essas normas que o Senhor nosso Deus vos deu?' tu responderás a teu filho: 'Éramos escravos do faraó no Egito e o Senhor nos fez sair do Egito com mão poderosa. [...] Fez-nos sair de lá para conduzir-nos ao país que havia jurado a nossos pais que nos daria. Então o Senhor nos ordenou pôr em prática todas essas leis, temendo o Senhor nosso Deus de modo a sermos sempre felizes e conservarmos a vida [...]'" (Dt 6,20-24).

Educação integral e incorporação à comunidade

49. A livre adesão à pessoa de Jesus, às suas palavras e a seus gestos, vive-se mediante uma comunidade, a Igreja, na qual a relação de cada crente com Cristo presente se torna existencialmente possível e se abre socialmente na comunhão eclesial.[11] Assim, a existência cristã une a liberdade individual do ato de fé e a inserção numa tradição comunitária,

---

[10] É uma das contribuições já recebidas da lição de P. Ricoeur (veja-se, por exemplo: RICOEUR, P. *Temps et récit. 1. L'intrigue et le récit historique*. Paris, Le Seuil 1983).

[11] Cf. CONCÍLIO ECUMÊNICO VATICANO II. Const. Dogm. *Dei Verbum*, nn. 7-8; Const. Dogm. *Lumen Gentium* (21 de novembro de 1964), nn. 3-4 et passim. Também: COMISSÃO TEOLÓGICA INTERNACIONAL. *Temi scelti d'ecclesiologia* (1984), n. 1.1-5.

como dois lados do mesmo dinamismo pessoal. A evocação dessa genealogia da fé cristã nos reconduz à convicção, essencial na ótica antropológica, de que a liberdade humana, defendida pelo reconhecimento dos direitos humanos, não pode ser praticada de forma espontânea e individualista. Os homens livres vêm à luz na relação com outros que já conquistaram mais liberdade, e aprendem dos mais livres a corrigir em si mesmos tudo aquilo que ainda subsiste na dependência das pulsões, dos condicionamentos, das constrições conformistas, da autoconfirmação narcisista. Quaisquer que sejam as qualificações – "democrático", "liberal", "pluralista" – com as quais o Estado moderno pretendia formular-se como estrutura sólida e perene, natural e histórica, na qual os cidadãos podem desenvolver os seus direitos humanos, é essencial compreender de que modo esse processo pode ser sustentado e regulado da forma mais justa e eficaz.

50. Em outros termos, trata-se de especificar como aquelas fórmulas gerais têm condição de conter o movimento da vida e a participação à cidadania, em condições idôneas para harmonizar as diferenças dos processos de humanização e a unidade da história generativa da comunidade nacional.[12] Não há um Estado sequer que possa garantir de outra forma as comunidades que o compõem, e, por meio delas, a vitalidade da sua "democracia" como bem comum.[13] Caso contrário, também as fórmulas mais nobres

---

[12] Cf. *Compêndio da Doutrina Social da Igreja*, n. 151.
[13] Subsiste de referência na questão o diálogo sustentado por: HABERMAS, J.; RATZINGER, J. *Ragione e fede in dialogo. Le idee di Benedetto XVI a confronto con un grande filosofo*. Veneza, Marsilio, 2005.

permanecerão meros nomes ou, até, tornar-se-ão fetiches ainda mais enganadores e vazios dos *arcana imperii* do passado. A concepção cristã do bom governo inclui a ideia de que a liberdade humana não tenha em si mesma o seu fim, como se seu sentido e sua realização coincidissem com o arbítrio ilimitado e indeterminado de toda possibilidade da afeição e do querer. Em vez disso, o fim da liberdade na sua coerência com a dignidade humana da afeição e do querer, se volta sempre à qualidade do bem em relação ao qual se determina.

51. A qualidade humana, pessoal e relacional, que se realiza mediante a liberdade instruída pela razão e pela revelação do bem, é o fim próprio da liberdade humana. E daqui se mede seu progresso no modo de construir a história e habitar a terra. Essa ideia encontra-se hoje incluída na conhecida fórmula da "ecologia humana", ou seja, do empenho para um ordenamento da vida e do *habitat* humano coerente com as supremas razões (naturais e divinas) da sua origem e sua destinação. Por isso ampliou-se a fórmula até propor uma "ecologia integral" que compreenda claramente suas dimensões humanas e sociais.[14] Na visão cristã, que inspirou novo curso da história da liberdade e da responsabilidade humana em relação à constituição e a destinação da pessoa, a liberdade é certamente o esplêndido reflexo do gesto criatural de Deus em relação ao homem e à mulher. A passagem mediante a consciência e a liberdade é fundamental para a guarda e o incremento da dignidade

---

[14] Cf. FRANCISCO. Carta Enc. *Laudato si'* (24 de maio de 2015), nn. 137-162: *AAS* 107 (2015), 902-912.

criatural, e, nesse sentido, é condição essencial para a atuação da *historia salutis*. O livre querer e a íntima afeição do ser humano à relação com Deus decidem a qualidade salvífica da história humana, concebida como projeto de aliança e comunhão com um Deus que quer ser acreditado e amado, não simplesmente padecido e sofrido.

O valor dos organismos intermediários e o Estado

52. Para ampliar esta reflexão sobre a dimensão social, pode-se ainda evocar a importância específica dos assim chamados "organismos intermediários", ou seja, formações sociais que se apresentam e autorrepresentam em determinados setores ou lugares da sociedade civil.[15] Como tais, eles executam a função de mediação entre direitos pessoais

---

[15] O conceito de organismos intermediários pertence originariamente à doutrina social da Igreja. Já o Papa Leão XIII, na Carta Enc. *Rerum novarum* (15 de maio de 1891), o propõe nos nn. 10-11 (sobre a família) e nos nn. 38 e 41 (para outras associações: *societates/sodalitates*): *ASS* 23 (1891) 646, 665-666; SÃO JOÃO XXIII. In: Carta Enc. *Mater et Magistra* (15 de maio de 1961), n. 52: *AAS* 53 (1961), 414, afirma: "Além disso, consideramos necessário que os organismos intermediários e as múltiplas iniciativas sociais, nas quais em primeiro lugar tende a expressar-se e agir a socialização, desfrutem de efetiva autonomia em relação com os poderes públicos, e busquem seus interesses específicos em relação de leal colaboração entre eles, subordinadamente às exigências do bem comum. Mas não é menos necessário que tais organismos apresentem forma e substância de verdadeiras comunidades; ou seja, que os respectivos membros sejam neles considerados e tratados como pessoas e sejam estimulados a participar ativamente da vida deles". São João Paulo II o retoma em: Carta Enc. *Centesimus annus* (1º de maio de 1991), n. 13: *AAS* 83 (1991), 809-810. A ideia decisiva não é a de "organismos", mas a de "intermediários". Todo grupo intermediário precisa estar consciente da sua função de mediação no seio de toda a sociedade e para o serviço do bem comum.

e governo do Estado. Devem ser diferenciados das agregações de opinião ou de reivindicação (como, por exemplo, os *lobbies* de pressão ou os grupos de *class action*), que pretendem provocar vantagens apenas para o grupo de convicção e de agregação, sem respeito pelo bem comum. Os organismos intermediários exercem mediação ativa em relação com o Estado, funções de subsidiariedade institucional e no interesse do bem comum.[16]

53. A Igreja Católica rechaça a sua identificação como sujeito de um interesse privado que compete para afirmar seus privilégios. A missão da Igreja é a evangelização, que anuncia a justiça do amor universal de Deus e não se deixa reduzir a um interesse político tendencioso. Consequentemente, sua contribuição para a boa cultura e práticas da ética pública passa pelo laço social e a participação civil. A relevância pública dessa mediação se refere ao interesse pelo bem comum e à solicitação de um humanismo político. Nesse sentido se pode dizer que ela é princípio animador de instituições intermediárias, que concorrem lealmente para o suporte da ética pública e do laço social dentro das possibilidades e dos limites do governo de Estado no plano nacional e, também, no plano internacional. Portanto, não se identifica como simples grupo de opinião ou pressão. E sequer se põe em competição com o Estado na função de governo da sociedade civil. Nessa perspectiva, que rejeita de qualquer forma o modelo de governo teocrático, a Igreja

---

[16] Cf. *Compêndio da Doutrina Social da Igreja*, nn. 185-186, 394; também *Catecismo da Igreja Católica*, nn. 1880-1885, sobre o princípio de subsidiariedade.

contribui, também de um ponto de vista metodológico, para o concreto enquadramento da liberdade religiosa na esfera pública. A instância da liberdade na qual a Igreja se inscreve idealmente, com efeito, toma distância do modelo de um multiculturalismo agnóstico, que aceita a pura autorreferencialidade das corporações ideológicas ou religiosas, excluindo-as ao mesmo tempo de toda legítima função mediadora – ética, cultural, comunitária – entre cidadania ativa e governo de Estado.

O Estado, a rede e as comunidades de convicção

54. Após o desenvolvimento das comunicações mediante internet e as redes sociais, podemos entrever as potencialidades dos novos recursos tecnológicos para a interação humana. O tema é bem conhecido e sua complexidade exige constante atenção. As redes de informação moderna dão excepcional relevo às manifestações das religiões, mas também difundem, e amplificam, teorias e práticas a elas atribuídas indevidamente. A facilidade e a rapidez de intervenção na plateia da rede em muitos níveis abre potencialidades de participação social até ontem inacessíveis. Não podemos senão apreciar essas novas possibilidades. Todavia, elas propiciam um estilo emotivo de interação, de crescente intensidade, como já evidenciaram os observadores. A aparente liberdade das formas de expressão individual *on-line*, em associação com a maior dificuldade de averiguação da credibilidade dos conteúdos, favorece fenômenos de massificação das falsas notícias (*fake news*) e de polarização da violência persecutória (*haters*). Todos esses elementos tornam ambivalente o valor dos efeitos de informação/discussão, bem como de consenso/dissenso, que caracterizam a participação dessa nova *ágora*. Seu peso não pode ser subestimado, também do ponto de vista dos seus efeitos de caráter político e social.

55. A liberdade de expressão e a responsabilidade da participação podem facilmente cindir-se, no ambiente de interação *on-line*, expondo as pessoas e a coletividade a novas formas de pressão, que, em vez de favorecer uma ética da liberdade reflexiva e participada, estão disponíveis a uma manipulação do *ethos* mais sutil. Nesse novo quadro, as formas expressivas da religião estão entre as mais expostas à emotividade incontrolada e ao mal-entendido pilotado. A comunidade global aprenderá com o tempo regras adequadas à gestão das formas dessa nova troca privado-pública. Desde agora, é necessário que a comunidade cristã seja capaz de individuar instrumentos de educação adequados à disseminação da esfera midiática nos processos de construção do *ethos* relacional e de formação do consenso político.[17] Nesse sentido, a comunidade cristã

---

[17] Vejam-se a respeito disso: CONCÍLIO ECUMÊNICO VATICANO II. Decr. *Inter mirifica* (4 de dezembro de 1963); SÃO JOÃO PAULO II. Carta Apost. *Il rapido sviluppo* (24 de janeiro de 2005): *AAS* 97 (2005), 188-190; id., Carta Enc. *Redemptoris missio*, n. 37: *AAS* 83 (1991), 282-286; id., Messaggio per la XXXVI Giornata Mondiale delle Comunicazioni Sociali: "Internet: un nuovo Forum per proclamare il Vangelo" (24 de janeiro de 2002): *EV* 21 (2002), 29-36; FRANCISCO. Messaggio per la L Giornata Mondiale delle Comunicazioni Sociali: "Comunicazione e misericordia: un incontro fecondo" (24 de janeiro de 2016): *AAS* 108 (2016), 157-160; PONTIFÍCIO CONSELHO DAS COMUNICAÇÕES SOCIAIS. *La Chiesa e Internet* (2 de fevereiro de 2002), n. 4.

deve pôr atenção especial à necessidade de não se deixar midiaticamente se encerrar na imagem de uma corporação tendenciosa, de um *lobby* de pressão, de uma ideologia de poder em competição com o legítimo governo do Estado de direito e da sociedade civil.

5. O ESTADO E A LIBERDADE RELIGIOSA

Cristianismo e dignidade do Estado

56. Em termos gerais, já a revelação do Antigo Testamento afirma sempre claramente a prioridade da suprema senhoria de Deus, como tema da livre obediência da fé na lógica da aliança exclusiva com Deus (cf. Dt 6,4-6). Todavia, não põe essa obediência em alternativa ao constituir-se de um legítimo poder de governo do povo, que responde a regras intrínsecas à constituição de âmbitos institucionais – políticos, econômicos jurídicos – dotados de sua racionalidade de exercício, em correspondência com todas as normais formas de desenvolvimento das funções administrativas e organizacionais da "nação". De fato, a forma instituída do governo do povo de Deus na história conhece diferentes formas de organização e de exercício (da federação das tribos à formalização da [dupla] monarquia). Nesse quadro, embora condicionado pela estreita conjunção do perfil político-institucional e do teológico-cultual, característico de todas as antigas civilizações, podem-se notar dois importantes aspectos. O primeiro se encontra justamente no fato de que o vínculo da obediência da fé em relação aos mandamentos de Deus está firmemente enraizado na forma da aliança, como livre escolha de seguir a Deus. Doutra parte, a fidelidade à aliança, e, portanto, a observância da lei divina, é mediada pela liberdade de uma decisão, sempre renovada, de custodiar a coerência do mandamento de Deus com a solicitude pelo bem comum do povo (cf. Dt 7,7-16; Jr 11,1-7). Essa mesma aliança deve, portanto, ser continuamente alimentada na fidelidade do coração e na prática da justiça.

57. Justamente a fidelidade ao espírito da Aliança pede para não se transformar no privilégio de uma eleição que exonera da observância da justiça econômica, do bem comum, do mútuo respeito, da convivência social. Na história da antiga Aliança, certa distinção entre poder político e instituições religiosas aparece durante o período dos reis. O poder político do rei é diferente do poder religioso do sacerdote, mesmo se depois ao rei compete o privilégio da nomeação do sumo sacerdote, e o sacerdote conserva uma influência prática em relação ao rei (cf. 2Rs 11–12). Quando o domínio estrangeiro (Nabucodonosor) aboliu a realeza, produziu-se uma concentração do poder civil e religioso na pessoa do sumo sacerdote como pessoa de confiança: mas certa distinção entre as funções propriamente políticas e as prerrogativas especificamente religiosas subsiste.[1] A exigência de harmonizar a fidelidade a Deus e seus mandamentos com as práticas da justiça e da solidariedade, no âmbito da vida social, representa, não obstante, a inspiração profunda do código de uma conduta

---

[1] Cf. MIMOUNI, S. C. *Le judaïsme ancien du VIe siècle avant notre ère au IIIe siècle de notre ère: des prêtres aux rabbins*. Paris, Presses Universitaires de France, 2012, 7ss; 381ss; 397ss.

da vida política coerente com os princípios da aliança com Deus. Quando os profetas denunciarem a injustiça social e a corrupção política, a intimidação violenta e a prevaricação econômica, atingirão, ao mesmo tempo, a traição da aliança religiosa com Deus e a degeneração do *ethos* político (pensemos em Samuel em 1Sm 13, Natã em 2Sm 12, Elias em 1Rs 17–19, e também nos escritos proféticos como Am 4–6; Os 4; Is 1; Mq 1 etc.). A concretude da denúncia, com seus exemplos circunstanciados, apela, por assim dizer, a uma "racionalidade intrínseca" à justiça política, que a fé religiosa inscreve como parte integrante da "lei divina".

58. Na abertura da sua missão de anúncio e instauração do Reino de Deus, Jesus retomará, de modo radical, mas no mesmo sentido, o espírito da crítica profética: quer no seu ensinamento em parábolas, quer na sua crítica ao legalismo (cf. Mt 23,13-28; Lc 10,29-37; 18,9-14). Nessa perspectiva Jesus se posiciona certamente na linha da distinção entre o exercício do poder econômico-político, nas possibilidades e nos limites das condições históricas, e a solicitude do cuidado religioso-pastoral do povo, onde se inscreve a novidade absoluta da revelação e da ação de Deus que ele encarna. A legitimidade de princípio do poder político, diferente da autoridade religiosa, não está em discussão na comunidade primitiva: indicador de uma entrega pacificamente reconduzível ao próprio Jesus. As recomendações de São Paulo e São Pedro, acerca do respeito pela legítima autoridade civil (cf. Rm 13,1-7; 1Pd 2,13-14), são claras quanto a isso. O poder de governo político, acordado por Deus em vista do bem do povo, representa uma mediação da ordem histórica e mundana da justiça que não pode ser apagada. A representação dessa ordem, inscrita no legítimo poder político, com efeito, remete definitivamente ao cuidado de Deus para com a criatura. A distinção não tem razão de ser anulada; por outro lado, justamente em relação a ela deve sempre ficar evidente a especial diferença da missão evangélico-eclesial e do poder pastoral que nela toma forma, sob explícita indicação de Jesus. Nesse sentido, deve ficar claro o fato de que o Reino inaugurado com Jesus não é "deste mundo" (Jo 18,36); e o exercício da potestade pastoral não deve confundir-se com as lógicas do poder que "guiam as nações" (Lc 22,25). O espaço para um legítimo e obrigatório reconhecimento das prerrogativas da autoridade política ("César"), de qualquer forma, não está em discussão, sob condição, naturalmente, de que ela não pretenda ocupar o lugar de "Deus" (cf. Mt 22,21).[2] Com efeito, em caso semelhante, para o cristão não há dúvida de que a suprema obediência deva ser reservada a Deus, e somente a ele (cf. At 5,29). A liberdade dessa obediência, que o discípulo do Senhor reivindica exatamente como expressão radical da liberdade da fé (cf. 1Pd 3,14-17), em si mesma não prevarica sobre a liberdade individual de ninguém e não pensa em ameaçar a legítima ordem pública de nenhuma comunidade (cf. 1Pd 2,16-17).

---

[2] Veja-se o comentário do *Compêndio da Doutrina Social da Igreja*, n. 379.

59. Permanecendo no contexto do Império Romano, não falta a atestação da resistência cristã diante das interpretações persecutórias da *religio civilis* e da imposição do culto do imperador.[3] O culto religioso do imperador aparece como autêntica religião alternativa à fé cristológica – que representa a única encarnação autêntica do senhorio de Deus –, imposta com a violência do poder político.[4] A inspiração evangélica – que justifica o poder civil solícito pelo bem comum, porém resiste à sua forma substitutiva da religião – é retomada por Santo Agostinho em *Cidade de Deus*.[5] Longe de denegrir o Estado, com a ideia de que o empenho supremo deste em garantir a paz temporal se associa com o destino de paz prometido por Deus na vida eterna, Agostinho restitui-lhe a integridade de sua função. O bem temporal da comunidade humana e o bem eterno da comunhão com Deus não são dois bens completamente separados, como frequentemente se deixa crer, na divulgação do pensamento agostiniano das "duas cidades". E também a simplificação da ideia de que, separadamente, o Estado governa "os corpos", ao passo que a Igreja governa as "almas", deve ser considerada – de ambas as partes – uma simplificação redutiva do pensamento de Agostinho.

---

[3] Cf. PLINI SECUNDI. C. Epist., X, 96. In: MYNORS, R. A. B. (org.). *C. Plini Secundi epistularum libri decem.* Oxford, Clarendon Press, 1963, p. 338-340 (tr. it., PLINIO IL GIOVANE. *Lettere, Libro decimo. Il panegirico di Traiano.* Bolonha, Zanichelli, 1986, p. 105-109.

[4] A perseguição por causa da fé e a confissão martirial marcam a reflexão do Apocalipse, à luz da primeira testemunha fiel que é Cristo (cf. Ap 1,5; 7,9-17; 13–14; etc.).

[5] Cf. SANTO AGOSTINHO. *De civitate Dei*, XIX, 17 (CCSL 48, 683-685).

60. As coordenadas do problema da liberdade religiosa e das relações entre a Igreja e as autoridades políticas parecem mudadas a partir das leis do imperador Teodósio (por volta de 380-390). A chegada a certa interpretação do conceito "Estado cristão", no qual não há mais espaço oficial para o pluralismo religioso, introduz uma variante decisiva na impostação do tema.[6] A reflexão cristã procurou manter justa distinção entre o poder político e o poder espiritual da Igreja, sem jamais renunciar a pensar na sua articulação intrínseca. Porém, aquele equilíbrio esteve sempre ameaçado por dupla tentação: a primeira é a tentação teocrática, tentação de fazer derivar a origem e legitimidade do poder civil da *plenitudo potestatis* da autoridade religiosa, como se a autoridade política se exercesse em virtude de simples delegação, sempre revogável, por parte do poder eclesiástico. A segunda tentação é absorver a Igreja no Estado, como se a Igreja fosse um órgão ou mera função do Estado, encarregado da dimensão religiosa. A fórmula teológica do equilíbrio, embora sempre cercada pela moldura de uma impostação que prevê a superior competência espiritual da *sacra potestas* em relação ao cuidado da ordem pública reconhecido como próprio do poder político, aparece em várias formas e diferentes con-

---

[6] O próprio Santo Agostinho chegará a aderir à necessidade de "controle religioso" por parte do Estado. A mudança de opinião é apresentada como necessária em consequência do fato de que os hereges e cismáticos, por primeiro, apelam ao "poder civil", a fim de ver reconhecida a legitimidade do seu desvio religioso em relação à reta fé cristã (cf. SANTO AGOSTINHO. *Epistula XCIII*, 12-13.17 [CCSL 31A, 175-176.179-180]; também *Epistula CLXXIII*, 10 [PL 33, 757]; *Sermo XLVI*, 14 [CCSL 41, 541]).

textos já a partir do século V (Gelásio I, 494) até o final do século XIX (Leão XIII, 1885).[7] O modelo da busca de justa harmonização na distinção é confirmado por *Gaudium et spes*, que propõe interpretá-lo à luz dos princípios de autonomia e cooperação entre comunidade política e Igreja.[8] A mudança das coordenadas sociopolíticas, que recomenda tomar distância da pretensão de legitimação religiosa das competências ético-sociais do governo político, se traduz na nossa contemporaneidade mediante o aprofundamento do valor da livre adesão da fé. E, em geral, do valor de uma convivência civil que exclui toda forma de constrição, também psicológica, no âmbito da adesão aos valores da experiência ético-religiosa. Essa visão aparece como um efeito maduro da tradição cristã e, ao mesmo tempo, como princípio universal do respeito pela dignidade humana que o Estado deve garantir.

---

[7] Em contextos históricos muito diferentes: GELASIUS. *Epistula "Famuli vestrae pietatis" ad Anastasium I imperatorem* (494; DenzH 347). Cf. LEÃO XIII. Carta Enc. *Immortale Dei* (1º de novembro de 1885), n. 6: *ASS* 18 (1885), 166, para a adequada distinção mas não separação radical entre a ordem política e a ordem religiosa.

[8] CONCÍLIO ECUMÊNICO VATICANO II. Const. Past. *Gaudium et spes*, n. 76c: "A comunidade política e a Igreja, em suas respectivas esferas de ação, são independentes e autônomas. As duas estão a serviço da mesma vocação pessoal do homem, embora a títulos diversos. Esse serviço será tanto mais eficaz, para o bem de todos, quando houver cooperação entre ambas, de acordo com as circunstâncias de tempo e lugar. Com efeito, o homem não está limitado unicamente ao horizonte temporal, mas, vivendo na história humana, conserva integralmente sua vocação eterna". Vejam-se também os esclarecimentos oferecidos pela Congregação para a Doutrina da fé, *Nota dottrinale circa alcune questioni riguardanti l'impegno e il comportamento dei cattolici nella vita politica* (24 de novembro de 2002), n. 6.

A deriva "monofisita" nas relações entre religião e Estado

61. A cidade de Deus vive e se desenvolve "dentro" da cidade do homem. Daí vem a convicção da doutrina social da Igreja, que reconhece como bênção o empenho de todas as pessoas de boa vontade em promover o bem comum no âmbito da condição temporal da vida humana.[9] A doutrina cristã das "duas cidades" afirma a sua distinção, mas não a explica em termos de oposição entre realidades temporais e espirituais. Deus certamente não impõe determinada forma de governo temporal; porém, subsiste o dado teológico que toda autoridade do homem sobre o homem deriva, por fim, de Deus e é julgada segundo a justiça de Deus. Não obstante essa remitência ao fundamento último posto por Deus, o laço social e seu governo político continuam sendo um empreendimento humano. Porém, exatamente isso põe um limite exato ao poder conferido à autoridade terrena em relação ao governo das pessoas e das comunidades humanas – e uma dependência última do juízo de Deus.[10] Desse ponto de vista, por isso, se deve também dizer que uma "teocracia de Estado", como também um "ateísmo de Estado", que pretendem, de formas diferentes, impor uma ideologia da substituição do poder de Deus pelo poder do Estado, produzem respectivamente uma distorção da religião e uma perversão da política. Podemos entrever nesses modelos certa analogia política do monofisismo cristológico, que confunde – e por fim cancela – a distinção das

---

[9] Cf. *Compêndio da Doutrina Social da Igreja*, n. 167.
[10] Cf. ibid., n. 396.

duas naturezas, realizada na encarnação, comprometendo a harmonia da unidade delas. Nessa fase histórica, é evidente que a tentação do "monofisismo político", conhecida na história cristã, reaparece mais claramente em algumas correntes radicais de tradições religiosas não cristãs.

A redução "liberal" da liberdade religiosa

62. O conceito de igualdade dos cidadãos, originariamente limitado à relação legal entre o indivíduo e o Estado, razão pela qual cada membro de um dado sistema de governo era considerado igual perante a lei daquele sistema de governo, foi transposto ao mundo da ética e da cultura. Nessa extensão, a mera possibilidade de que uma diferente avaliação moral ou um diferente apreço das práticas culturais possam ser superiores a outras ou contribuir para o bem comum em medida maior em relação a outras, já se tornou uma controvertida questão política. Segundo essa ideia de neutralidade, todo o mundo da moralidade humana e do saber social deve ser ele próprio democratizado.[11] O esvaziamento do *ethos* e da cultura que segue a aplicação dessa ideologia igualitária e não avaliadora, não pode senão suscitar preocupação. As práticas formativas e a ligação social da comunidade são induzidas para a paralisia dos seus próprios pressupostos.

---

[11] Para amplo panorama histórico e sociológico do progresso do assim chamado "humanismo exclusivo", entendido como único espaço público de referência. Cf. TAYLOR, C. *A Secular Age*. Cambridge/Massachusetts/Londres (Inglaterra), The Belknap Press of Harvard University Press, 2007.

Além disso, parece inevitável observar que, quando semelhante Estado "moralmente neutro" começa a controlar o campo de todos os juízos humanos, começa a assumir traços de um Estado "eticamente autoritário". Em sua relação originária com a verdade, o exercício da liberdade de consciência – em nome da qual é imposta a censura de qualquer avaliação – acaba encontrando-se em constante perigo. Em nome dessa "ética de Estado", às vezes é indevidamente posta em questão, além do critério da justa ordem pública, a liberdade das comunidades religiosas de organizar-se segundo seus princípios.[12]

63. A neutralidade moral do Estado pode ser coligada com algumas das muitas compreensões do Estado liberal moderno. Com efeito, o liberalismo, como teoria política, tem história longa e complexa, que não se deixa reduzir a uma concepção unívoca e compartilhada. No âmbito das suas várias elaborações teóricas – em determinados casos mais diretamente coligadas com uma visão antropológica de inspiração radicalmente individual, em outros casos mais aderente a uma concepção de

---

[12] O fenômeno acontece com frequência também em continentes como a Ásia, apesar do contexto diferente: "O limite à liberdade religiosa em muitas constituições se expressa mediante a cláusula, 'desde que não seja contrário aos deveres civis ou à ordem pública ou à reta moral'. O bem comum e a ordem pública são, no entanto, definidos pelo círculo de poder e, em certas ocasiões, a frase 'sujeito à lei, à ordem pública ou à moralidade' foi usada para negar *de facto* a liberdade a determinados grupos" (FABC Office of Theological Concerns, *FABC Papers*, n. 112, "Religious Freedom in the Context of Asia", 7). Sobretudo na situação das minorias, é decisivo que as autoridades do Estado garantam "igual respeito para com todas as religiões", pois elas são capazes de custodiar o sentido universal e o bem comum (cf. infra, n. 70).

negociação da sua aplicação político-social –, é possível individuar pelo menos quatro interpretações principais da neutralidade do Estado: (a) uma impostação que define pragmaticamente as matérias que podem ser objeto de normas vinculantes para a liberdade individual; (b) uma teoria que precisa o tipo de racionalidade que define a competência normativa do legislador; (c) uma teoria que torna aceitáveis efeitos diferenciados relativamente à vantagem dos diversos grupos sociais, com a condição de que essa vantagem não seja a razão formal da norma; (d) uma teoria que garante um exercício das liberdades políticas que não implica a referência vinculante a uma noção transcendente do bem. Na última acepção, o liberalismo político aparece estreitamente associado a limitações da liberdade referentes à palavra, ao pensamento, à consciência, à religião. A neutralidade da esfera pública, com efeito, não se limita nesse caso a garantir a igualdade das pessoas diante da lei, mas impõe a exclusão de determinada ordem de preferências, que associam a responsabilidade moral e a argumentação ética a uma visão antropológica e social do bem comum. O Estado tende a assumir, nesse caso, a forma de uma "imitação laicista" da concepção teocrática da religião, que decide a ortodoxia e a heresia da liberdade em nome de uma visão político-salvífica da sociedade ideal: decidindo *a priori* a sua identidade perfeitamente racional, perfeitamente civil, perfeitamente humana. O absolutismo e o relativismo dessa moralidade liberal conflitam, aqui, com efeitos de exclusão iliberal na esfera pública, dentro da pretensa neutralidade liberal do Estado.

Ambiguidade do Estado moralmente neutro

64. A consciência moral exige a transcendência da verdade e do bem moral: sua liberdade é definida por esse retorno, que indica precisamente aquilo que a justifica para todos, sem ser propriedade disponível de ninguém. Falar de liberdade da consciência individual significa falar de um direito fontal do humano, que não pode ser amputado desse retorno responsável ao universal humano, subtraído ao arbítrio dos homens. Por menos do que isso, não falamos mais de uma consciência eticamente inviolável, mas de simples espelhamento do mundo dado ou do arbítrio desejado. A instância ética não se sobrepõe à liberdade de consciência e ao bem da convivência como elemento opcional ou ideológico: é antes a condição de sua intrínseca harmonização com a dignidade da pessoa. A referência a Deus como princípio transcendente da instância ética que habita o coração do homem deve ser entendida, recentemente, como o limite posto a toda prevaricação do homem sobre o homem e a proteção de toda convivência fraterna dos livres e iguais. Quando o lugar de Deus, na consciência coletiva de um povo, é ocupado abusivamente pelos ídolos fabricados pelo homem, o resultado não é uma liberalidade mais vantajosa para cada um, e sim uma escravidão mais insidiosa para todos. A pretensa neutralidade ideológica do Estado liberal, que exclui seletivamente a liberdade de um transparente testemunho da comunidade religiosa na esfera pública, abre passagem para uma falsa transcendência de oculta ideologia de poder. Papa Francisco nos alertou acerca dessa subavaliação da indiferença religiosa: "Quando, em nome de uma ideologia, se quer excluir Deus da sociedade, acaba-se adorando os ídolos, e logo o homem perde a si mesmo, sua dignidade é pisoteada, seus direitos, violados".[13]

65. Para o Cristianismo, o problema aparece no momento em que os próprios cristãos são induzidos a se conceberem como membros de uma "sociedade neutra" que, nos princípios e nos fatos, não é. Nesse caso, a condição deles, quais habitantes de comunidades diferentes, mas não contrapostas (família, Estado, Igreja), é induzida a traduzir-se na opção de habitar privadamente (de modo autorreferencial) a comunidade familiar e eclesial, para a seguir conceber-se como pertença neutra (não religiosa) à sociedade liberal e política. Em outras palavras, no sulco dessa deriva, os cristãos começam a ver-se, na esfera pública, somente como membros daquela *polis* "moralmente neutra", à qual casualmente aconteceu formar-se num contexto historicamente cristão. Quando os cristãos aceitam passivamente essa bifurcação do seu ser numa exterioridade governada pelo Estado e uma interioridade governada pela Igreja, eles, de fato, já renunciaram à própria liberdade de consciência e de expressão religiosa. Em nome do pluralismo da sociedade, os cristãos não podem favorecer soluções que comprometam a tutela de exigências éticas fundamentais para o bem comum.[14] Não se trata de

---

[13] FRANCISCO. *Discorso nell'incontro con i leaders di altre religioni e altre denominazioni cristiane* (21 de setembro de 2014), Tirana: *EV* 30 (2014), 1514-1524, 1515.

[14] Em referência a essa mentalidade, a Congregação para a Doutrina da Fé recorda que "nenhum fiel, todavia, pode apelar ao princípio do pluralismo e da autonomia dos leigos em política, favorecendo soluções que com-

per si de impor especiais "valores confessionais", mas de concorrer à tutela de um bem comum que não perca de vista a referência vinculante da "esfera pública" à verdade da pessoa e à dignidade da convivência humana. Como veremos mais adiante nos próximos capítulos, a fé cristã tem uma mostra de cooperação com o Estado exatamente por força da devida distinção das próprias tarefas, para buscar aquilo que Bento XVI qualificou como "laicidade positiva" na relação entre o âmbito político e o religioso.[15]

---

prometam ou atenuem a salvaguarda das exigências éticas fundamentais para o bem comum da sociedade" (*Nota dottrinale circa alcune questioni riguardanti l'impegno e il comportamento dei cattolici nella vita politica* [24 de novembro de 2002], n. 5).

[15] "[...] a bela expressão 'laicidade positiva' para qualificar essa compreensão mais aberta. Neste momento histórico no qual as culturas se entrecruzam sempre mais entre elas, estou profundamente convencido de que se tornou necessária uma nova reflexão sobre o verdadeiro significado e sobre a importância da laicidade. Com efeito, é fundamental, por um lado, insistir na distinção entre o âmbito político e o religioso, a fim de tutelar tanto a liberdade religiosa dos cidadãos quanto a responsabilidade do Estado para com eles e, por outro lado, tomar consciência sempre mais clara da função insubstituível da religião para a formação das consciências e da contribuição que ela pode trazer, junto com outras instâncias, à criação de consenso ético de fundo na sociedade" (BENTO XVI. *Discorso nell'incontro con le autorità dello Stato all'Elysée* [12 de setembro de 2008], Paris: *Insegnamenti di Benedetto XVI* 4/2 (2008). Cidade do Vaticano, Libreria Editrice Vaticana, 2009, p. 265-269, 267).

6. A CONTRIBUIÇÃO DA LIBERDADE RELIGIOSA À CONVIVÊNCIA E À PAZ SOCIAL

Liberdade religiosa para o bem de todos

66. Nos capítulos anteriores consideramos os vários aspectos do sujeito pessoal e comunitário da liberdade religiosa, aprofundando sobretudo as dimensões antropológicas da liberdade religiosa e, também, a sua posição em relação ao Estado. Nossa reflexão, desenvolvida na perspectiva unitária da dignidade da pessoa humana, descreveu o significado e as implicações da liberdade de consciência – por um lado – e, por outro, o valor das comunidades religiosas. No segundo momento, oferecemos alguma observação a respeito das contradições inscritas na ideologia do Estado neutro, quando tal "neutralidade" é declinada em termos de "exclusão" da legítima participação da religião na formação da cultura pública e do laço social. Agora, é oportuno que nos detenhamos no exercício concreto da liberdade religiosa, ou seja, em alguns temas práticos da mediação entre vida social e instituição jurídica que deve regular seu exercício concreto.

O estar juntos tem qualidade de bem

67. Estar juntos, viver juntos, é, de per si, um bem, tanto para os membros como para a comunidade. Esse bem não deriva da adoção de visão teórica particular; sua justificação emerge na própria evidência do seu acontecer.[1] Na medida em que esse fato é reconhecido, apreciado e defendido, contribui para a paz social e o bem comum. A aceitação da convivência humana e a busca da sua melhor qualidade representam a premissa fundamental de um entendimento – poderíamos dizer de uma aliança – que, por si mesmo, cria condições de vida boa para todos. De fato, um dos dados mais impressionantes, a respeito dos conflitos que agora suscitam as maiores preocupações, é justamente o fato de que as rupturas e os horrores que acendem os focos de uma guerra mundial "por pedaços",[2] devastam com fúria repentina a convivência pacífica longamente experimentada e sedimentada no tempo, e deixam atrás de si interminável quantidade de sofrimentos para as pessoas e os povos.[3] No conturbado contexto hodierno, não podemos ignorar os efeitos concretos que as migrações, devidas a conflitos políticos ou a precárias

---

[1] São João Paulo II utiliza a categoria do bem do "estar juntos" em relação à família na Carta *Gratissimam sane* (2 de fevereiro de 1994), n. 15g: *AAS* 86 (1994), 897. Francisco fala de "estar juntos na proximidade" para "promover o reconhecimento recíproco" (Exort. Apost. *Amoris laetitia*, n. 276: *AAS* 108 [2016], 421-422).

[2] Francisco falou de "terceira guerra travada 'por pedaços', com crimes, massacres, destruições...", na *Omelia della Santa Messa al Sacrario Militare di Redipuglia nel centenario dell'inizio della Prima Guerra Mondiale* (13 de setembro de 2014): *AAS* 106 (2014), 744.

[3] Segundo as estatísticas do Alto Comissariado das Nações Unidas para os Refugiados, há no mundo aproximadamente 68,5 milhões de pessoas obrigadas a deixar sua moradia, o número mais alto de todos os tempos, com 25,4 milhões de refugiados (veja-se o site oficial: <http://www.unhcr.org/data.html: [consulta em: 9/01/2019]).

condições econômicas, comportam para o justo exercício da liberdade religiosa no mundo, porque os migrantes caminham com sua religião.[4]

68. Somente onde há vontade de viver juntos, poder-se-á construir um futuro bom para todos: caso contrário, não haverá futuro bom para ninguém. Na era da globalização, a necessidade humana fundamental de segurança e de comunidade não mudou: nascer num lugar concreto implica sempre interagir com os outros, a começar dos mais próximos, mas na realidade com o mundo inteiro. Esse mesmo fato nos torna responsáveis uns pelos outros, próximos e distantes. Hoje as responsabilidades são sempre mais independentes, ultrapassando as diferenças sociais ou as fronteiras. Os problemas decisivos para a vida humana não podem ser adequadamente solucionados senão numa perspectiva de interação tanto local quanto temporal. Por esse motivo, o bem prático do viver juntos não é um bem estático, mas em contínua evolução, que, para poder desenvolver-se de forma adequada, deve ser garantido também politicamente.[5] As comunidades religiosas, postas em condições de promover

---

[4] Cf. FRANCISCO. *Discorso nell'incontro per la libertà religiosa con la comunità ispanica e altri immigrati* (26 de setembro de 2015), Filadélfia: *AAS* 107 (2015), 1047-1052. Para o panorama contemporâneo, pode-se ver: GRÜTTERS, C.; DZANANOVIC, D. (orgs.). *Migration and Religious Freedom. Essays on the interaction between religious duty and migration law*. Nijmegen, Wolf Legal Publisher, 2018, p. 69-194.

[5] Pio XII já evocara, em épocas mais sombrias, a tutela daquele bem elementar que é o "inalienável direito do homem à segurança jurídica, e assim a uma esfera concreta de direito, protegido contra todo ataque arbitrário" (*Radiomessaggio alla Vigilia del Santo Natale* [24 de dezembro de 1942], n. 4: *AAS* 35 [1943], 21-22).

as razões transcendentes e os valores humanistas da convivência, são um princípio de vitalidade do amor recíproco para unir toda a família humana. O bem do viver juntos se torna riqueza para todos, quando todos se preocuparem em viver bem juntos.

69. Especialmente relevante, para a harmonização das dimensões constitutivas da vida comum, é a esfera das crenças religiosas e das convicções éticas mais íntimas dos homens: ou seja, aquelas nas quais eles investem a própria identidade profunda e orientam sua postura em relação com a consciência e as condutas de outros. Não se vê por que deveria ser impossível, no respeito recíproco, compartilhar, como um bem à disposição de todos, a relação pessoal e comunitária que as comunidades religiosas cultivam com Deus. Em todo caso, não é bom que essa experiência seja cultivada clandestinamente, sem possibilidade de livre reconhecimento e acesso por parte de todos os membros da sociedade. O espírito religioso cultiva a relação com Deus como um bem que diz respeito ao ser humano: a sinceridade e a bênção dessa convicção devem poder ser verificadas e apreciadas por todos. Daí brota também o empenho dos crentes para melhorar a qualidade do diálogo entre experiência religiosa e vida social, em referência ao interesse comum de superar a deriva do saber social do sentido para o indiferentismo e o relativismo radical.

O justo discernimento da liberdade religiosa

70. Como tivemos ocasião de assinalar, não é possível reconhecer o mesmo valor a todas as possíveis formas

– individuais e coletivas, históricas ou recentes – da experiência religiosa. É necessário, portanto, examinar as diferentes formas de religiosidade e compará-las quanto à sua aptidão para preservar o sentido universal e o bem comum do estar juntos.[6] Nesse sentido, cada uma das religiões ativas numa sociedade deve aceitar "apresentar-se" diante das justas exigências da razão "digna" do homem. Compete, de fato, à autoridade política, guardiã da ordem pública, defender os cidadãos, especialmente os mais fracos, contra as derivas sectárias de certas pretensões religiosas (manipulação psicológica e afetiva, exploração econômica e política, isolacionismo...). Entre as justas exigências da razão, nas suas implicações jurídico-políticas se pode enumerar – nos anos recentes – a reciprocidade pacífica dos direitos religiosos, inclusive o da liberdade de conversão.[7] Reciprocidade pacífica dos direitos quer

---

[6] Cf. BENTO XVI. "Fede, ragione e università. Ricordi e riflessioni". Discorso nell'incontro con i rappresentanti della scienza (12 de setembro de 2006), Ratisbona: *AAS* 98 (2006), 728-739.

[7] Cf. algumas referências do magistério pontifício à reciprocidade nas relações internacionais, especialmente em assunto religioso: SÃO JOÃO XXIII. Carta Enc. *Pacem in terris*, n. 15: *AAS* 55 (1963), 261; SAO PAULO VI. *Ecclesiam suam*, n. 112: *AAS* 56 (1964), 657; SÃO JOÃO PAULO II. Discorso nell'incontro con i giovani musulmani (19 de agosto de 1985), Casablanca: *AAS* 78 (1986), 99: "O respeito e o diálogo exigem, portanto, a reciprocidade em todos os campos, sobretudo no que se refere às liberdades fundamentais e, mais especificamente, à liberdade religiosa. Eles favorecem a paz e o entendimento entre os povos. Ajudam a solucionar juntos os problemas dos homens e mulheres de hoje, especialmente dos jovens"; id., Exort. Apost. *Ecclesia in Europa* (28 de junho de 2003), n. 57: *AAS* 95 (2003), 684-685; BENTO XVI. Discorso nell'incontro con il Corpo Diplomatico presso la Repubblica di Turchia (28 de novembro de 2006), Ankara: *AAS* 98 (2006), 905-909; id., Discorso nell'incontro con i rappresentanti di altre religioni (17 de abril de 2008), Washington, D.C.:

dizer que a liberdade de expressão e de prática que num país é concedida a uma identidade religiosa minoritária, corresponde a um reconhecimento simétrico de liberdade para as minorias religiosas dos países onde essa identidade é, ao contrário, majoritária. Essa reciprocidade pacífica dos direitos supera o conhecido princípio *cuius regio eius et religio* consagrado pela paz de Augusta (1555). O vínculo de uma religião de Estado, que foi proposto em certo momento da história europeia para analisar os excessos das assim chamadas "guerras de religião", parece já superado na atual evolução do princípio de cidadania, que implica a liberdade de consciência.

As extensões da liberdade religiosa

71. De fato, em alguns países não há qualquer liberdade jurídica de religião, ao passo que em outros a liberdade jurídica é drasticamente limitada ao exercício comunitário do culto ou de práticas estritamente privadas. Nesses países é permitida a expressão pública de uma crença religiosa, em geral, é vetada toda forma de comunicação religiosa, e penas severas, incluída a pena de morte, são reservadas a quem deseja converter-se ou procura converter outras pessoas. Nos países ditatoriais nos quais predomina um pensamento ateu – e, com as devidas distinções, também em alguns países que se consideram democráticos –, os

---

AAS 100 (2008), 327-330; também id., Exort. Apost. *Verbum Domini* (30 de setembro de 2010), n. 120, convida à reciprocidade em assunto de liberdade religiosa: *AAS* 102 (2010), 783-784.

membros das comunidades religiosas são muitas vezes perseguidos ou submetidos a tratamentos desfavoráveis no lugar de trabalho, são excluídos das repartições públicas e lhes é fechado o acesso a determinados níveis de assistência social. Igualmente as obras sociais nascidas de cristãos (no âmbito da saúde, educação...) são submetidas a restrições no plano legislativo, financeiro ou de comunicação, o que torna difícil, quando não impossível, seu desenvolvimento. Em todas essas circunstâncias não há verdadeira liberdade de religião. Verdadeira liberdade religiosa é possível somente se ela puder expressar-se mediante obras.[8]

72. Uma consciência livre e ciosa nos permite respeitar todo indivíduo, encorajar a realização do homem, rejeitando um comportamento que prejudique o indivíduo ou o bem comum. A Igreja espera que seus membros possam viver sua fé livremente e que os direitos de sua consciência sejam tutelados onde respeitem os direitos dos outros. Viver a fé pode exigir às vezes a objeção de consciência. Com efeito, as leis civis não obrigam em consciência, quando contradizem a ética natural, e, por isso, o Estado deve reconhecer o direito das pessoas à objeção de consciência.[9] O laço último da consciência é com o Deus único, Pai de todos.

---

[8] Podem-se ver os *report* sobre a situação da liberdade religiosa no mundo oferecidos regularmente por instituições de referência como *Kirche in Not* (veja-se o site oficial: <http://religious-freedom-report.org> [data de consulta 09.01.2019]) e *Pew Research Center* (veja-se o site oficial: <http://www.pewresearch.org/> [data de consulta 09.01.2019]).

[9] Cf. SÃO JOÃO PAULO II. Carta Enc. *Evangelium vitae* (25 de março de 1995), nn. 73-74: *AAS* 87 (1995), 486-488.

A rejeição desse retorno transcendente expõe fatalmente à proliferação de outras dependências, segundo o famoso aforismo de Santo Ambrósio: "Quantos patrões tem aquele que deixou escapar apenas um!".[10]

---

[10] SANTO AMBRÓSIO. Epist. extra coll. 14,96. In: ZELZER, M. (org.). *Epistularum liber decimus. Epistulae extra collectionem. Gesta concili Aquileiensis* (CSEL 82/3). Vindobonae, Hoelder-Pichler-Tempsky, 1982, p. 287 (tr. it., SANTO AMBRÓSIO. *Discorsi e lettere* II/III (*Sancti Ambrosii Episcopi Mediolanesis Opera* 21). Milão/Roma, Biblioteca Ambrosiana/ Città Nuova, 1988, p. 212-213.

7. A LIBERDADE RELIGIOSA NA MISSÃO DA IGREJA

O livre testemunho do amor de Deus

73. A evangelização não consiste apenas na confiante proclamação do amor salvífico de Deus, mas na atuação de uma vida fiel à misericórdia que ele manifestou no evento de Jesus Cristo, por meio do qual a história inteira se abre à atuação do Reino de Deus. A missão da Igreja inclui dupla ação que se desenvolve no empenho para o humanismo da caridade e na dedicação pela responsabilidade educacional das gerações.

74. Desse modo, a Igreja expressa sua profunda união com os homens e as mulheres, em qualquer condição de vida, mostrando atenção especial para com os pobres e perseguidos. Nessa predileção aparece com clareza o sentido de sua total abertura à partilha das esperanças e angústias de toda a humanidade.[1] Esse dinamismo corresponde à verdade da fé, segundo a qual a humanidade de Cristo, "homem perfeito" (Ef 4,13), é integralmente

---

[1] Cf. CONCÍLIO ECUMÊNICO VATICANO II. Decr. *Ad gentes* (7 de dezembro de 1965), n. 12. Um exemplo concreto da reflexão das Igrejas locais para praticar o que foi ensinado por *Ad gentes*, n. 12, se encontra em: FABC. *FABC Papers*, n. 138, "FABC at Forty Years: Responding to the Challenges of Asia: 10th FABC Plenary Assembly, 10-16 december 2012, Vietnam".

assumida e não anulada na encarnação do Filho.[2] E, por outro lado, o mistério da salvação em Jesus Cristo implica a plena restituição do humano – como "criatura nova" (2Cor 5,17) – à sua originária natureza de "imagem e semelhança" de Deus.[3] Nesse sentido, a Igreja é intrinsecamente orientada a serviço do mistério salvífico de Deus, no qual a humanidade dos homens é radicalmente resgatada e plenamente realizada. Esse serviço é propriamente um ato de adoração a Deus que dá glória a ele por sua aliança com a criatura humana.

A Igreja proclama a liberdade religiosa para todos

75. A liberdade religiosa pode ser realmente garantida somente no horizonte de uma visão humanista aberta à cooperação e convivência, profundamente enraizada no respeito pela dignidade da pessoa e pela liberdade de consciência. De resto, mutilada dessa abertura humanista, que age como fermento da cultura civil, a própria experiência religiosa perde seu autêntico fundamento na verdade de Deus, e se torna vulnerável à corrupção do humano.[4] O desafio é grande. As adaptações da religião às formas do poder mundano, ainda que justificadas em

---

[2] Sobre a relação entre antropologia e cristologia, cf.: COMISSÃO TEOLÓGICA INTERNACIONAL. *Alcune questioni riguardanti la cristologia* (1979), n. III; *Teologia, cristologia, antropologia* (1981), n. I.d; *Comunione e servizio*, n. 52.

[3] Cf. SÃO JOÃO PAULO II. Carta Enc. *Redemptor hominis*, n. 10: *AAS* 71 (1979), 274-275.

[4] Cf. FRANCISCO. Carta Enc. *Laudato si'*, nn. 115-121: *AAS* 107 (2015), 893-895.

nome da possibilidade de obter melhores vantagens para a fé, são tentação constante e risco permanente. A Igreja deve desenvolver especial sensibilidade de discernimento desse comprometimento, empenhando-se constantemente em purificar-se dos cedimentos à tentação da "mundanidade espiritual".[5] A Igreja deve examinar a si própria, a fim de encontrar com impulso sempre renovado o caminho da verdadeira adoração de Deus "em espírito e verdade" (Jo 4,23) e do amor "de antes" (Ap 2,4). Ela deve abrir, exatamente mediante a contínua conversão, o acesso do Evangelho à intimidade do coração humano, no ponto em que ele procura – secreta e também inconscientemente – o reconhecimento do Deus verdadeiro e da verdadeira religião. O Evangelho é realmente capaz de desmascarar a manipulação religiosa, que produz efeitos de exclusão, aviltamento, abandono e separação entre os homens.

76. Definitivamente, a visão propriamente cristã da liberdade religiosa colhe na fé sua mais profunda inspiração na verdade do Filho feito homem por nós e para a nossa salvação. Mediante ele, o Pai atrai a si todos os filhos dispersos e todas as ovelhas sem pastor (cf. Jo 10,11-16; 12,32; Mt 9,36; Mc 6,34). E o Espírito reúne os gemidos (cf. Rm 8,22), também os mais confusos e imperceptíveis, da criatura refém das potências do pecado, transformando-os em prece. O Espírito de Deus age, contudo, livremente e com poder. Porém, onde o ser humano tem condição de expressar livremente seu gemido e sua invocação, a ação do

---

[5] Cf. id., Ex. Apost. *Evangelii gaudium*, nn. 93-97: *AAS* 105 (2013), 1059-1061.

Espírito se torna reconhecível por todos aqueles que buscam a justiça da vida. E sua consolação se torna testemunho de uma humanidade reconciliada. A liberdade religiosa libera o espaço para a consciência universal de pertencer a uma comunidade de origem e destino que não quer renunciar a manter viva a expectativa de uma justiça da vida que temos condições de reconhecer, mas somos incapazes de honrar unicamente com nossas forças. O mistério da recapitulação de todas as coisas em Cristo, guarda, para nós e para todos, a amorosa espera dos frutos do Espírito para cada um e o emocionado anúncio da vinda do Filho, para todos (cf. Ef 1,3-14).

O diálogo inter-religioso como caminho para a paz

77. O diálogo inter-religioso é favorecido pela liberdade religiosa, na busca do bem comum junto com os representantes de outras religiões. É uma dimensão inerente à missão da Igreja.[6] Como tal, não é o fim da evangelização, mas concorre muito para isso; portanto, não deve ser compreendido nem praticado como alternativa ou em contradição com a missão *ad gentes*.[7] O diálogo ilumina, já na sua

---

[6] Cf. id., Discorso nell'incontro per la libertà religiosa con la comunità ispanica e altri immigrati (26 de setembro de 2015), Filadélfia: *AAS* 107 (2015), 1047-1052.

[7] Cf. SÃO PAULO VI. Carta Enc. *Ecclesiam suam*, nn. 67-81: *AAS* 56 (1964), 640-645; SÃO JOÃO PAULO II. Carta Enc. *Redemptoris missio*, n. 55: *AAS* 83 (1991), 302-304; FRANCISCO. Exort. Apost. *Evangelii gaudium*, nn. 250-251: *AAS* 105 (2013), 1120-1121. Veja-se a ampla documentação coletada em Pontifício Conselho para o Diálogo Inter-religioso (org. por Francesco Gioia), *Il dialogo interreligioso nell'insegnamento ufficiale della*

boa disposição ao respeito e à colaboração, aquela forma relacional do amor evangélico que encontra seu inefável princípio no mistério trinitário da vida de Deus.[8] A Igreja reconhece, ao mesmo tempo, a peculiar capacidade do espírito do diálogo de interceptar – e alimentar – uma exigência especialmente percebida no âmbito da hodierna civilização democrática.[9] A disponibilidade ao diálogo e a promoção da paz estão, com efeito, estreitamente conjugados. O diálogo nos ajuda a nos orientarmos na nova complexidade das opiniões, dos saberes, das culturas: também, e sobretudo, em questão de religião.

78. No diálogo sobre os temas fundamentais da vida humana, os crentes das várias religiões trazem à luz os valores mais importantes da sua tradição espiritual, e tornam mais reconhecível seu genuíno envolvimento com aquilo que eles julgam essencial para o sentido último da vida humana, bem como para a justificação da esperança deles numa sociedade mais justa e mais fraterna.[10] A Igreja, com certeza, está disponível para entrar em diálogo, concreto e construtivo, com todos aqueles que atuam em vista dessa justiça e fraternidade.[11] No exercício da missão evangélica por meio do diálogo, o Evangelho faz resplandecer ainda mais a sua luz entre os povos e as religiões.

Chiesa Cattolica (1963-2013), Cidade do Vaticano, Libreria Editrice Vaticana, 2013.
[8] Cf. SÃO JOÃO PAULO II. Exort. Apost. *Ecclesia in Asia* (6 de novembro de 1999), n. 31: *AAS* 92 (2000), 501-503.
[9] Cf. ibid., n. 29: *AAS* 92 (2000), 498-499.
[10] Cf. id., Carta Enc. *Redemptoris missio*, n. 57: *AAS* 83 (1991), 305.
[11] Cf. CONCÍLIO ECUMÊNICO VATICANO II. Decr. *Ad gentes*, n. 12.

A coragem do discernimento e da rejeição da violência em nome de Deus

79. O próprio Cristianismo, por outro lado, pode captar, junto com as inevitáveis diferenças – e também dissonâncias –, afinidades e semelhanças que tornam ainda mais apreciável o universalismo da fé teologal.[12] O direito de cada um à própria liberdade religiosa é necessariamente conexo com o reconhecimento de idêntico direito para todos os outros, com exceção da tutela geral da ordem pública.[13] Nessa perspectiva, a questão da liberdade religiosa se associa com o tradicional tema da tolerância civil. A verdadeira liberdade religiosa se deve conciliar com o respeito pela população religiosa e – simetricamente – também por aquela que não possui identidade religiosa específica. Todavia, não se deve esquecer que a simples tolerância relativista, nesse campo, pode conduzir – também em contradição com a sua intenção de respeito da religião – à evolução do comportamento para com a indiferença em relação à verdade da própria religião.[14] Por outro lado, quando a religião se torna ameaça para a liberdade religiosa de outros homens, tanto nas palavras quanto nos fatos, chegando até à violência em nome de Deus, cruza-se uma fronteira que evoca a enérgica denúncia, em primeiro lugar, por parte dos próprios homens

---

[12] Cf. id., Decl. *Nostra aetate*, n. 2.
[13] Cf. id., Decl. *Dignitatis humanae*, nn. 2-4.
[14] Cf. SÃO PAULO VI. Carta Enc. *Ecclesiam suam*, n. 91: *AAS*56 (1964), 648-649.

religiosos.[15] Quanto ao Cristianismo, a sua "despedida irrevogável" das ambiguidades da violência religiosa pode ser considerada um *kairós* favorável ao repensamento do tema em todas as religiões.[16]

80. A busca de plena adesão à verdade da própria religião e de convicta postura de respeito em relação às outras religiões pode gerar tensão dentro da consciência individual, assim como dentro da comunidade religiosa. A eventualidade, de modo algum abstrata, que daí brote um dinamismo de crítica da atuação da própria religião, que, não obstante, permanece dentro dela, faz surgir no seio da própria sociedade civil uma problemática específica recente da liberdade religiosa. Já não se trata apenas de aplicar a liberdade religiosa ao respeito pela religião dos outros, mas também à crítica da própria. Essa situação levanta problemas delicados de equilíbrio da aplicação da liberdade religiosa. Nesses casos, o desafio da tutela da liberdade religiosa atinge um ponto-limite quer para a comunidade civil, quer para a comunidade religiosa. A capacidade de manter juntos o cuidado pela integridade da fé comum, o respeito pelo conflito de consciência, o empenho pela tutela da paz social, pede a mediação de uma maturidade pessoal e de

---

[15] "Ninguém pode usar o nome de Deus para cometer violência! Matar em nome de Deus é grande sacrilégio! Discriminar em nome de Deus é desumano" (FRANCISCO. Discorso nell'incontro con i leaders di altre religioni e altre denominazioni cristiane [21 de setembro de 2014], Tirana: *EV* 30 (2014), 1514-1524, 1518).

[16] Cf. COMISSÃO TEOLÓGICA INTERNACIONAL. *Dio Trinità, unità degli uomini*, n. 64.

uma sabedoria compartilhada que devem ser sinceramente solicitadas como uma graça e dom do alto.

81. O "martírio", como supremo testemunho não violento da própria fidelidade à fé, feito objeto de ódio específico, intimidação e perseguição, é o caso-limite da resposta cristã à violência vista em relação à confissão evangélica da verdade e do amor de Deus, introduzida na história – mundana e religiosa – no nome de Jesus Cristo. O martírio se torna, assim, o símbolo extremo da liberdade de opor o amor à violência e a paz ao conflito. Em muitos casos, a determinação pessoal do mártir da fé em aceitar a morte tornou-se semente de libertação religiosa e humana para uma multidão de homens e mulheres, até obter a libertação da violência e a superação do ódio. A história da evangelização cristã o confirma, também mediante o encaminhamento de processos e de mutações sociais de alcance universal. Essas testemunhas da fé são justo motivo de admiração e seguimento por parte dos crentes, mas também de respeito por parte de todos os homens e mulheres que amam a liberdade, a dignidade, a paz entre os povos. Os mártires resistiram à pressão da represália, anulando o espírito da vingança e da violência com a força do perdão, do amor e da fraternidade.[17] Desse modo, tornaram evidente

---

[17] O testemunho excepcional tirado do testamento de P. Christian de Chergé, prior do mosteiro cisterciense de Notre-Dame d'Atlas, em Thibirine, e recentemente proclamado beato junto com outros 18 mártires na Argélia (8 de dezembro de 2018), mostra essa paradoxal força unitiva do amor até o caso-limite do martírio. Cf. CHRISTIAN DE CHERGÉ. *Lettres à un ami fraternel*. Paris, Bayard, 2015 (tr. it., *Lettere a un amico fraterno*, Cidade do Vaticano, Urbaniana University Press, 2017, p. 343-34).

para todos a grandeza da liberdade religiosa como semente de uma cultura da liberdade e da justiça.

82. Às vezes, as pessoas não são mortas em nome da sua prática religiosa mas, todavia, sofrem por atitudes profundamente ofensivas, que as mantêm às margens da vida social: exclusão das repartições públicas, proibição indiscriminada de seus símbolos religiosos, exclusão de determinados benefícios econômicos e sociais..., naquilo que é denominado "martírio branco", como exemplo de confissão de fé.[18] Esse testemunho fornece prova de si ainda hoje em muitas partes do mundo: não deve ser atenuado, como se fosse simples efeito colateral dos conflitos pela supremacia étnica ou para a conquista do poder. O esplendor desse testemunho deve ser bem compreendido e bem interpretado. Ele nos instrui sobre o bem autêntico da liberdade religiosa no mundo mais límpido e eficaz. O martírio cristão mostra a todos aquilo que acontece quando a liberdade religiosa do inocente é atacada e morta: o martírio é o testemunho de uma fé que permanece fiel a si mesma, recusando-se até o fim a vingar-se e a matar. Nesse sentido, o mártir da fé cristã não tem nada a ver com o suicida-homicida em nome de Deus: semelhante confusão já é em si mesma uma corrupção da mente e uma ferida da alma.

---

[18] Cf. FRANCISCO. Discorso ai membri della Consulta dell'Ordine Equestre del Santo Sepolcro di Gerusalemme (16 de novembro de 2018), *Osservatore Romano*, 21 de novembro de 2018, Anno CLVIII/262 (2018), 8.

CONCLUSÃO

83. O Cristianismo não fecha a história da salvação dentro dos confins da história da Igreja. Antes, no sulco da lição do Concílio Vaticano II e no horizonte da Encíclica *Ecclesiam suam* de São Paulo VI, a Igreja abre toda a história humana à ação do amor de Deus, que "quer que todos os homens sejam salvos e cheguem ao conhecimento da verdade" (1Tm 2,4). A forma missionária da Igreja, inscrita na própria disposição da fé, obedece à lógica do dom, ou seja, da graça e da liberdade, e não à do contrato e da imposição. A Igreja tem consciência do fato de que, também com as melhores intenções, essa lógica foi contradita – e sempre arrisca sê-lo – por causa dos comportamentos diferentes e incoerentes com a fé recebida. Contudo, nós, cristãos, professamos com humilde firmeza a nossa convicção de que a Igreja seja sempre guiada pelo Senhor e sustentada pelo Espírito na estrada do seu testemunho da ação salvífica de Deus na vida de todas as pessoas e de todos os povos. E sempre novamente se compromete a honrar sua vocação histórica, anunciando o Evangelho da verdadeira adoração de Deus em espírito e verdade. Ao longo dessa estrada, na qual a liberdade e a graça se encontram na fé, a Igreja se alegra em ser confirmada pelo Senhor, que a acompanha, e ser impelida pelo Espírito que a precede. Por isso, sempre de novo declara a firme intenção de converter-se à fidelidade do coração, do pensamento e das obras que restabelecem a pureza da sua fé.

84. O testemunho da fé cristã habita o tempo e o espaço da vida pessoal e comunitária, que são próprios da condição humana. Os cristãos têm consciência do fato de que esse tempo e esse espaço não são espaços vazios. E também não são espaços indistintos, ou seja, neutros e indiferenciados em relação ao sentido, aos valores, às convicções e aos desejos que dão forma à cultura propriamente humana da vida. Eles são espaços e tempos habitados pelo dinamismo das comunidades e das tradições, das agregações e das pertenças, das instituições e do direito. A mais forte consciência do pluralismo dos vários modos de reconhecer e de extrair o sentido da vida individual e coletiva, que concorre para a formação do consenso ético e para a manifestação do assentimento religioso, compromete justamente a Igreja na elaboração de um estilo do testemunho de fé absolutamente respeitoso da liberdade individual e do bem comum. Esse estilo, longe de atenuar a fidelidade ao evento salvífico, que é o tema do anúncio da fé, deve tornar ainda mais transparente a sua distância de um espírito de domínio, interessado na conquista do poder como fim a si mesmo. Justamente a firmeza com a qual o Magistério define hoje a saída teológica desse equívoco, permite à Igreja solicitar uma elaboração da doutrina política mais coerente.

85. Como membros do povo de Deus, humildemente nos propomos a permanecer fiéis ao mandato do Senhor, que envia os discípulos a todos os povos da terra para anunciar o Evangelho da misericórdia de Deus (cf. Mt 28,19-20; Mc 16,15), Pai de todos, para abrir livremente os corações à fé no Filho, feito homem para a nossa salvação. A Igreja não confunde sua missão com o domínio dos povos do mundo e o governo da cidade terrena. Antes, vê na pretensão de recíproca instrumentalização do poder político e da missão evangélica uma tentação maligna. Jesus rechaçou a aparente vantagem de tal projeto como sedução diabólica (cf. Mt 4,8-10). Ele próprio rejeitou claramente a tentativa de transformar o conflito com os guardiães da lei (religiosa e política) em algo voltado à substituição do poder de governo das instituições e da sociedade. Jesus alertou claramente seus discípulos também acerca da tentação de conformar-se, no cuidado pastoral da comunidade cristã, aos critérios e ao estilo dos poderosos da terra (cf. Mt 20,25; Mc 10,42; Lc 22,25). Portanto, o Cristianismo sabe bem qual significado e qual imagem deve assumir a evangelização do mundo. Sua abertura ao tema da liberdade religiosa é, pois, um esclarecimento coerente com o estilo de um anúncio evangélico e de um apelo à fé que pressupõem a ausência de indevidos privilégios de certas políticas confessionais e a defesa dos justos direitos da liberdade de consciência. Ao mesmo tempo, essa clareza requer o pleno reconhecimento da dignidade da profissão de fé e da prática do culto na esfera pública. Na lógica da fé e da missão, a participação ativa e reflexiva na pacífica construção do laço social, como também a generosa partilha do interesse pelo bem comum são implicações do testemunho cristão.

86. O empenho cultural e social do agir crente, que se expressa também na constituição de agregações intermediárias e na promoção de iniciativas públicas, é igualmente dimensão desse empenho, o chamado feito aos cristãos para partilhar com todo homem e mulher do seu tempo, independentemente das diferenças de cultura e religião. Dizendo "independentemente" não se entende, naturalmente, que essas diferenças devam ser ignoradas e consideradas insignificantes. Significa, antes, que devem ser respeitadas e julgadas como componentes vitais da pessoa e valorizadas congruamente na riqueza de suas contribuições para a vitalidade concreta da esfera pública. A Igreja não tem motivo nenhum para escolher um caminho diferente do testemunho. O apóstolo Pedro recomenda que tudo seja feito "com mansidão e respeito, conservando a vossa boa consciência, para que, se em alguma coisa sois difamados, sejam confundidos aqueles que ultrajam vosso bom comportamento em Cristo" (1Pd 3,16). E não se vê nenhum argumento razoável que deveria exigir do Estado a exclusão da liberdade religiosa na participação da reflexão e promoção das razões do bem comum na esfera pública. O Estado nao pode ser nem teocrático, nem ateu, nem "neutro" (como indiferença que finge a irrelevância da cultura religiosa e da pertença religiosa na constituição do sujeito democrático real); ao contrário, é chamado a exercer uma "laicidade positiva" em relação às formas sociais e culturais que garantam a necessária e concreta relação do Estado de direito com a comunidade efetiva dos que têm direito.

87. Desse modo, o Cristianismo se dispõe a sustentar a esperança de comum destinação para o desembarque escatológico de um mundo transfigurado, segundo a promessa de Deus (cf. Ap 21,1-8). A fé cristã tem consciência do fato de que essa transfiguração é dom do amor de Deus para com a criatura humana e não o resultado dos próprios esforços a fim de melhorar a qualidade da vida pessoal e social. A religião existe para manter desperta essa transcendência do resgate da justiça da vida e da realização da sua história. Em especial, o Cristianismo é fundado na exclusão do delírio de onipotência de todo messianismo mundano, seja leigo ou religioso, o qual traz sempre a escravidão dos povos e a destruição da casa comum. O cuidado pela criação, desde o início confiado à aliança do homem e da mulher (cf. Gn 1,27-28), e o amor ao próximo (cf. Mt 22,39), que sela a verdade evangélica do amor de Deus, são o tema de uma responsabilidade sobre a qual todos seremos julgados – por primeiro os cristãos – no fim do tempo que Deus nos concedeu para que nos convertamos a seu amor. O Reino de Deus já está em ação na história, à espera da chegada do Senhor, que nos introduzirá na sua completude. O Espírito que diz "Vem!" (Ap 22,17), que reúne os gemidos da criação (cf. Rm 8,22) e faz "novas todas as coisas" (Ap 21,5), traz ao mundo a coragem da fé que sustenta (cf. Rm 8,1-27), em benefício de todos, a beleza da "razão [*logos*] da esperança" (1Pd 3,15) que está em nós. E a liberdade, para todos, de escutá-lo e segui-lo.